이상한
러시아

유라시아 대륙으로
안내하는 인문 교양서

# 이상한
# 러시아

이의찬, 육명근, 서진영 지음

자유문고

# 프롤로그

이상異相*한 나라가 있다. 대한민국의 177배에 달하는 영토가 곧 178배가 될지도 모르는 나라, 북한과 이란을 제치고 세계 최다 국제 제재를 받고 있지만 무너지지 않는 나라, 20년 장기근속 중인 대통령의 지지율이 80%가 넘는 나라, 글로벌 기업들이 모두 떠나도 간판만 바꿔 영업을 계속하는 나라, 바로 러시아다.

그런 러시아와 우리는 가깝고도 먼 이웃이다. 물리적인 거리는 비행기로 90분이면 갈 수 있을 정도로 가깝지만, 심리적인 거리는 아프리카나 남미의 여느 국가와 크게 다르지 않다. 일제 강점기와 소련 체제가 유지되는 동안 양국 간 교류가 전무했고, 수교 맺은 지도 겨우 34년밖에 되지 않아서일까? 유의미한 교류의 흔적은 찾아보기 어렵고, 러시아에 대한 우리의 인식은 여전히 미미한 수준에 머물러 있는 듯하다.

이 책은 오해와 편견을 잠시 내려놓고 러시아라는 나라를 제대로 한번 알아보자는 취지로 쓰여졌다. 더욱이 당신이 사는 곳이 국제정세의 변화로부터 자유롭지 못한 대한민국이라면, 러시아를 바로 아는 것이 정세를 읽고 불안한 미래를 대비하는 데 도움이 될

---

* 다를 이, 서로 상 : 보통과는 다른 인상이나 모양.

것이다. 러시아인의 눈에 비친 세상을 상상해보고 체험해보길 바란다.

현재 러시아와 우크라이나 그리고 그 주변 지역에서 일어나고 있는 일들은 마치 성난 파도와 같다. 지금은 파도를 보는 것보다 파도를 일으키는 바람을 보는 것이 우리에게 더 중요하지 않을까 싶다. 바람의 방향을 정확히 읽는 능력이 있어야 파도를 피하거나 올라타는 선택을 할 수 있기 때문이다.

이 책은 총 5장으로 구성되어 있다. 1장은 국제관계와 정세, 2장은 정치 구조와 특징, 3장은 경제 구조와 특징, 4장은 문화와 예술, 5장은 한인의 역사를 담고 있다. 독자의 머릿속에 러시아에 대한 전체 윤곽이 입체적으로 잡힐 수 있도록 크고 중요한 사건들을 선별하고 또 단순화하기 위해 노력했다.

책의 내용을 정답이라고 생각하거나 일반화할 필요는 없다. 같은 음식을 먹어도 사람에 따라 다른 맛을 느끼듯, 각자의 경험과 입장에 따라 얼마든지 다르게 생각하고 느낄 수 있기 때문이다. 다만 러시아를 과대 포장하거나 애써 변호하려고 하지 않았다. 물론 판단은 독자의 몫이다.

이 책을 펼친 독자에게 필요한 것은 열린 마음이다. 그럼에도 불구하고 책을 읽다 도무지 납득하기 어려운 대목을 만난다면 러시아인들이 자조 섞인 말투로 읊는 표도르 튜체프Fyodor Tyutchev의 시를 떠올리기 바란다.

이성으로 러시아를 이해할 수 없다

평범한 잣대로 잴 수도 없으리

그 자체로 특별한 러시아를

그저 믿을 뿐이라네


『이상한 러시아』의 공동 저자로 함께한 육명근 작가님, 서진영 작가님, 출판을 위해 애써 주신 자유문고 김시열 대표님과 관계자 분들께 감사드린다. 추천사를 통해 이 책에 대한 애정을 보내주신 분들께도 고마움을 전한다. 무엇보다 이 책의 기반이 된 팟캐스트를 함께 시작했던 경환이 형과 수미, 게스트로 출연해주신 130여 명의 초대손님과 전 세계에 퍼져 있는 청취자들께 깊이 감사드린다. 끝으로 사랑하는 가족과 현아 씨에게 감사의 마음을 전한다.


러시아의 봄을 기다리며

2024년 3월


이의찬

# 추천사

누구나 알고 있는 것처럼, 한반도는 지정학적으로 미·중·일·러에 둘러싸여 있다. 숙명적으로 이러한 환경 속에 살아가는 우리는 주변 4강에 대한 지식을 가져야만 생존과 번영을 누릴 수 있다. 이 책이 4강 중 러시아에 대한 지식 욕구를 충족시킬 수 있을 것으로 기대하는 바, 적극 추천한다.

_정태익(제7대 주러시아 대한민국 대사, (사)한러친선협회 이사장)

러시아는 과연 국제사회의 악당인가? 한국에게 러시아는 어떤 의미인가? 이 책은 러시아에 대한 독자적 시각과 관점 부재가 야기하는 국익 손상을 경고하는 가운데 서구가 일방적으로 제공한 표준적인 대對러시아관, 말하자면 러시아에 덧씌워진 편견과 선입견을 거부한다. 모든 챕터를 관통하는 핵심 키워드는 '러시아에 대한 한국적 재인식'이다.

_홍완석(한국외국어대학교 국제지역대학원장)

2007년 러시아로 가기 위해 짐을 쌀 때 주변의 반응은, 미국으로 교환학생을 가겠다고 할 때나 일본이나 중국 출장을 준비할 때와는 사뭇 달랐다. 그때나 지금이나 러시아는 우리에게 묘하게 낯선 나라인 듯하다. 전쟁이 끝나 다시 러시아에 갈 수 있게 된다면, 1년간 우주인 훈련을 받으며 러시아 사람들과 어울려 사는 동안에도 잘 알지 못했던, 이 책 덕분에 조금은 더 알게 된 러시아가 다른 느낌으로 다가올 것 같다.

_이소연(대한민국 최초 우주인)

어릴 때부터 모스크바에서 자란 저자는 러시아를 깊이 이해하고 있다. 특히 서방의 시각에서 벗어나 러시아를 한국의 입장에서 해석하려는 저자의 노력이 신선하게 느껴졌다. 이 책을 통해 많은 독자들에게 러시아가 좀 더 이해되는, 좀 더 가까운, 좀 더 친숙한 나라가 되길 간절히 바란다.

_일리야 벨랴코프(방송인, 『지극히 사적인 러시아』 저자)

미국과 대한민국에서만 살아온 내게 러시아는 '공산주의 종주국', '북한 지원국', '우크라이나 침공국' 같은 부정적 수식어를 떠올리게 하는 나라다. 그러나 나의 가치판단은 ─ 일부 사실에 기반하였더라도 ─ 동시에 무지와 편견의 산물이라는 사실을 깨달았다. 러시아를 관심과 호기심으로 응시하는 저자를 따라가보면 러시아가 다르게 보일 것이다.

_전후석(영화 「헤로니모」, 「초선」 감독, 『당신의 수식어』 저자)

러시아의 연해주는 항일투쟁지로 독립운동가들의 발자취가 곳곳에 남아 있다. 우수리스크의 최재형 기념관을 비롯해 이상설 유허비, 안중근 의사의 단지동맹비, 지신허 마을의 옛터 기념비 등이 우리 민족과 러시아 간의 친밀했던 역사를 증언하고 있다. 그런 러시아를 이 책은 아주 쉽고 흥미롭게 소개하고 있다.

_문영숙(사단법인 독립운동가 최재형 기념사업회 이사장)

한국 문화를 알리는 유튜버로서 러시아의 수많은 지역을 다니며 다양한 사람들을 만났다. 개인적인 경험에 비춰보면 러시아인들과 우리는 차이점보다 공통점이 더 많다고 느낀다. 이 책은 내가 왜 그렇게 느꼈는지 명확히 설명하고 있다.

_민경하(K뷰티 크리에이터, 107만 유튜버)

책의 모든 챕터에서 저자의 '따뜻한 냉정함'이 전해진다. 아마 러시아에서 그가 경험했을 법한 인문주의가 아닐까 싶다. 이 점이 우리가 좋은 러시아인을 만날 때 경험하는 러시아의 정신일 것이다. 안타깝게도 러시아의 종교와 정신은 지금 거짓과 위선의 시대를 이끌고 있으므로 저자의 안목을 더욱 신뢰한다.

_임종훈(정교회 한국대교구 안토니오스 신부)


저자를 처음 만난 건 모스크바에서 유학하던 때였다. 추천사를 요청 받았을 때, 저자의 경험담이나 여행에 관한 내용일 것이라 생각했다. 하지만 읽고 보니 이 책은 러시아판 『지대넓얕』 같은 느낌이었다. 그러면서도 마냥 얕지만은 않은. 이 책을 읽게 된다면 러시아에 관한 지적인 대화가 가능해질 것이다.

-장희정(배우)


이 책은 과거와 현재를 오가며 통찰력 있는 해석으로 러시아의 다양한 면을 소개하고 있다. 책을 읽는 내내 그동안 수차례 콘서트를 진행했던 러시아라는 나라, 공연장에서 또 유튜브 채널을 통해 만난 러시아인의 삶을 마치 돋보기로 들여다보는 듯했다.

_송원섭(가수, 77만 유튜버)


"춥지 않나요?", "위험하지 않나요?", "러시아 여성은 정말 예쁜가요?" 러시아어 전공자라면 이런 질문을 자주 받는다. 그때마다 러시아를 쉽게 소개할 수 있는 책 한 권이 있으면 좋겠다는 생각을 했다. 러시아가 궁금하지만 어디서부터 찾아봐야 할지 모르는 분들에게 이 책을 선물하고 싶다.

_최준호(14만 회원 네이버 카페 〈러사모〉 운영자)

러시아에서 청소년기를 보낸 사람으로서 오랜만에 정말 재미있게 읽은 책이다. 러시아를 이해하는데 가장 중요한 역사적 사건부터, 지정학적 특성, 경제 구조까지. 포괄적인 정보를 일목요연하게 정리한 이 책은 앞으로 러시아 진출을 꿈꾸는 우리 기업인들에게 필독서가 될 것 같다.

_김보현(K뷰티 유통·마케팅 기업 〈다리파트너스〉 대표)

# 제1장. 지정학적 생존전략

2020년 7월 2일 대한민국은 유엔무역개발회의UNCTAD가 인정한 선진국의 반열에 올랐다. 1964년 UNCTAD 설립 이래 무역개발이사회가 개도국에서 선진국으로의 지위 변경을 승인한 최초의 사례다. 그렇다면 우리는 정말 선진국이 된 걸까?

우리나라가 명실상부한 선진국이 되려면 반드시 거쳐야 할 과정이 남아 있다. 그것은 압축적인 경제 성장을 지나면서 생략되고 누락된 항목들을 되짚어보고 빈틈을 보완하는 일이다. 현재를 살아가는 우리의 가장 큰 약점 또는 빈틈은 관점의 부재다. 우리의 관점이 없다.

서방의 선진국들은 독자적 관점에서 국제 이슈를 해석하고 득실을 따질 줄 안다. 이는 세계 곳곳에 만들어 놓은 자신들의 이익을 지키거나 새로운 이익을 창출하기 위해 각종 정보를 수집하고 분석했던 과거 제국주의 국가들의 특징이기도 하다. 이유가 어찌되었든 간에 그들에 비하면 우리는 여전히 남의 관점을 빌려 국제 뉴스를 이해하는 데만 익숙하다. 마치 책은 읽지 않고 누군가 정리해 놓은 요약본만 보는 것처럼 말이다.

우리가 남의 관점으로 바라보고 인식하는 대표적인 나라가 바로 러시아다. 서방 언론의 관점에서 러시아는 항상 악역이었다. 그런 보도가 지난 수십 년간 지속된 결과, 러시아에 대한 부정적인 인상은 전 세계인의 인식 속에 깊이 뿌리내렸다. 오죽하면 러시아 공포증을 일컫는 '루소포비아Russophobia'라는 단어까지 생겨났을까.

실제 루소포비아는 미국 사회 전반에 만연해 있다. 그런데 루소포비아를 앓는 건 우리 언론도 마찬가지다. 미국과 러시아가 대립하는 이슈마다 한국 언론은 우방국의 일방적인 입장을 받아쓰기 바쁘다. 이처럼 기계적 중립조차 지키지 않는 국제뉴스 보도는 무수히 많다.

미국, 중국, 일본, 러시아에 나가 있는 특파원 수만 비교해 봐도 알 수 있다. 코로나19 이전 기준으로 보면, 신문사, 방송사, 통신사를 통틀어 주요 4강에 파견된 인원은 워싱턴(미국) 38명, 베이징(중국) 35명, 도쿄(일본) 22명, 모스크바(러시아) 2명이다. 2008년 글로벌 금융위기 전까지만 해도 KBS, SBS, MBC는 물론, 연합뉴스, 조선일보, 중앙일보, 동아일보, 한국일보 특파원이 주재했다.

국제적으로 미국과 중국의 비중이 크기 때문이라는 주장은 구구한 변명이다. 게다가 2024년 1월 모스크바에 상주하며 몽골과 구소련 지역 전체를 홀로 관할했던 KBS 특파원마저 철수했다. 이제 러시아의 소식을 유럽 특파원이 전하고 있다. 뉴스 편식을 선택한 KBS는 "뉴스 기여도가 낮은 곳을 선정"했다고 밝혔지만 문제는 기여도가 아니라 관심도다.

정리하자면, 우리 언론이 루소포비아를 앓는 이유는 독자적 관점이라는 면역이 없기 때문이다. 그 결과 어쩌면 우리는 남의 입장에 너무 쉽게 감정을 이입해 스스로의 이익마저 포기하고 있는지도 모른다.

러시아는 지리적으로 밀접한 대한민국의 이웃 국가다. 우방국인 미국은 엄밀히 말하면 우리의 이웃 국가가 아니다. 이 단순한 사실을 망각하는 것은 어리석고 위험한 일이다. 국제정치야말로 영원한 아군도, 적군도, 피도, 눈물도 없는 곳이다.

제1장에서는 러시아를 중심으로 국제정치의 역학관계를 그려볼 것이다. 그동안 우리가 뉴스로만 접했던 굵직한 사건과 이슈를 재조명하고, 러시아의 입장에서 바라본 국제 정세는 어디를 향하고 있는지 하나씩 짚어보고자 한다.

## 냉전과 열전 사이

제2차 세계대전 직후 미국과 소련을 필두로 한 자본주의와 사회주의 진영 간의 체제 경쟁이 시작되었다. 총칼로 하는 전쟁은 끝났지만, 두 강대국은 군비 경쟁에 몰두하며 지구를 수십 번 폭파하고도 남을 만큼의 핵무기를 만들었다.

냉전Cold War은 무기를 사용하지 않는 전쟁으로, 열전Hot War과 대조되는 개념이다. 물론 어디까지나 이론적인 이야기다. 강대국들은 대리전 형태로 냉전 속 열전을 펼치면서 오로지 자신의 이익을 좇았고, 그 중심에는 한반도가 있었다. 냉전으로도 모자라 신냉전 New Cold War을 치르고 있는 미국과 러시아의 뿌리 깊은 갈등은 언제 그리고 어디서부터 시작된 것일까?

지금으로부터 80여 년 전, 제2차 세계대전 중 유럽 동부 전선에서 소련군이 보여준 군사적 성과와 극동 지역에서의 영향력은 대단했다. 영국도 미국도 동맹국인 소련을 결코 무시할 수 없었다.

1945년 2월 크림반도Crimean Peninsula 얄타Yalta에서 당시 프랭클린 루스벨트Franklin D. Roosevelt, 윈스턴 처칠Winston Churchill 그리고 이오시프 스탈린Iosif Stalin은 독일 분할 점령, 자유선거에 의한 폴란드 정부 수립, 소련의 태평양 전쟁 참전에 합의했다. 하지만 공동의 적이었던 나치 독일과 일본제국이 패망하자, 영미 양국과 소련 사이의 불안정한 전시동맹관계도 흔들리기 시작했다.

소련은 동유럽에서의 사회주의 정부 건설에 주력했다. 1947년 1월 폴란드에서는 자유선거가 아닌, 소련이 주도한 선거를 통해 공산정권이 출범했다. 같은 해 3월 윈스턴 처칠의 철의 장막Iron Curtain 연설과 미국이 발표한 트루먼 독트린Truman Doctrine은 냉전의 시작을 알렸다. 트루먼 독트린을 외교정책의 기조로 삼은 미국은 공산주의 세력의 확대를 막기 위해 반공 정부에 경제적, 군사적 원조를 아끼지 않았다.

1949년, 미국, 캐나다, 유럽 10개국은 소련을 중심으로 한 동구권에 대항하기 위해 북대서양조약기구NATO를 창설했다. 1955년 서독이 NATO에 가입하자 소련과 동구권 8개국은 바르샤바조약기구WTO를 설립해 대응에 나섰다. 그렇게 형성된 양강 구도는 40년 동안 지속되었다.

1989년 12월 조지 부시George H. W. Bush 대통령과 미하일 고르바초프Mikhail Gorbachyov 서기장은 지중해의 몰타Malta에서 만나 냉전체제를 종식하고 평화를 지향하는 새로운 세계질서 수립을 선언했다.

1991년 소련의 해체로 냉전은 막을 내렸지만, 미국과 러시아 간의 대립은 종식되지 않았다. 게다가 중국, 일본, 인도 등의 새로운 주자들이 등장하면서 국제질서는 다자간의 대립으로 전환되었고, 긴장감은 오히려 더 팽팽해졌다.

신냉전의 책임은 누구에게 있을까? 소련 해체 이후 NATO는 존립 명분을 유지하기 위해 (사담 후세인, 오사마 빈라덴, 무아마르 카다피, 탈레반, IS 등과 같은) 외부의 적을 지속적으로 발굴하고 국제 경찰을 자처하며 직접적인 군사 개입을 서슴지 않았다. 러시아 역시 전통적인 우방국들에 대한 영향력을 유지하기 위해 군사적 지원과 개입을 이어갔다.

1991년 7월 바르샤바조약기구는 해체되었지만, NATO의 조직은 오히려 비대해졌다. 2023년 기준 NATO의 회원은 12개 창립국과 이후에 합류한 그리스, 튀르키예(1952), 서독(1955), 스페인(1982), 체코, 폴란드, 헝가리(1999), 불가리아, 에스토니아, 라트비아, 리투아니아, 루마니아, 슬로바키아, 슬로베니아(2004), 알바니아, 크로아티아(2009), 몬테네그로(2017), 북마케도니아(2020), 핀란드(2023)까지 총 31개국이다. 대기 국가도 적지 않다. 보스니아헤르

체고비나, 세르비아, 코소보, 조지아, 몰타, 키프로스, 우크라이나까지 모두 NATO 가입을 희망하고 있다.

이러한 NATO의 적극적인 동진은 러시아에게는 중대한 위협이다. 동유럽 지역 내 친서방 정권 출범과 미국의 미사일방어체제 Missile Defense 확대 배치로 이어진 NATO의 확장은 냉전 시절을 연상케 하는 서방의 전형적인 대공산권 봉쇄 전략과 흡사하기 때문이다. 이 같은 백악관의 대외정책을 비판하는 목소리는 미국 내에서도 이미 수차례 나온 바 있다.

"NATO를 확장하는 것은 냉전 이후 미국이 취한 정책 중 가장 치명적으로 잘못된 정책이 될 것이다. 이러한 결정은 러시아를 자극하여 그들이 우리가 원하지 않는 방향으로 외교를 하도록 만들 것이다." – 조지 케넌George F. Kennan*

"케넌의 말이 맞았다. 우리는 레닌주의를 버린 다른 국가들에 취했던 외교정책을 러시아에 써먹길 보류했고, 결과적으로 우리는 우리가 두려워하던 바로 그 러시아를 우리 손으로 만들어내고야 말았다. 분노로 요동치며 재무장하는 국가를 말이다." – 패트릭 뷰캐넌Patrick J. Buchanan**

---

\* 냉전 시절 '봉쇄의 아버지'로 알려진 미국의 외교관, 정치가, 역사가.

\*\* 고보수주의Paleoconservatism 성향의 미국 전직 정치인이자 평론가.

# 변방의 땅, 우크라이나

우크라이나 사태Ukrainian crisis는 지난 10년을 통틀어 러시아가 가장 자주 거론된 국제 뉴스가 아닐까 싶다. 우크라이나 사태는 외교사적으로도 중요한 사건이자 복잡한 국제정치의 역학관계를 한눈에 볼 수 있는 사례다.

그렇다면 우크라이나는 어떤 나라일까? 도대체 서방과 러시아는 왜 우크라이나를 두고 그토록 격렬한 경쟁을 벌이는 것일까? 뜻부터 풀이하자면, 우크라이나는 '변방에 위치한 땅'이다. 러시아어로 모서리 또는 변방을 의미하는 단어 '크라이Krai'에서 파생되었다. 지금은 우크라이나와 러시아가 극심한 갈등 관계에 있지만, 루시 족의 역사는 바로 이 변방의 땅에서 키예프Kiev(現 키이우)를 중심으로 출발했다.

9세기 후반 북유럽 노르만 출신의 올레그Oleg of Novgorod가 키예프 일대를 정복하고 슬라브인들의 터전인 그 일대를 다스리게 되었다. 중개무역으로 성장한 키예프 대공국은 1240년 원나라 칭기즈칸의 침략으로 황폐화되었고, 키예프가 루시족 수도로서의 영향력을 상실하자 모스크바 대공국이 정치, 경제, 종교의 새로운 중심지로 부상했다.

키예프 공국의 멸망 이후에도 우크라이나 일대는 그 지정학적 위치 때문에 오랜 시간 강대국들의 먹잇감이었다. 이 지역을 점령하고 있었던 카자크Kazak 자치 군사공동체는 폴란드-리투아니아 연방, 오스만 제국, 크림 칸국으로부터 끊임없는 침략을 받았다.

17세기 중반 우크라이나 민족정신의 상징 보그단 흐멜니츠키 Bogdan Khmel'nytskii에 의해 수립된 카자크 수장국Hetmanate은 러시아 차르국과 페레야슬라프 조약Treaty of Pereyaslav을 맺었고, 18세기 후반 소러시아Little Russia라는 이름으로 러시아 제국에 흡수되면서 우크라이나 일대는 러시아의 완충지대가 되었다.

독립된 우크라이나의 역사는 1991년 소련이 해체되고 나서야 비로소 시작되었다. 한편 오랜 시간 하나의 운명 공동체로 지내왔던 러시아와 우크라이나 사이에는 정리해야 할 문제가 쌓여 있었다. 크림반도 지역 내 러시아 흑해함대 주둔 문제, 핵무기 처리, 우크라이나를 경유해 유럽으로 연결되는 가스관 등이 중요한 협상 이슈로 떠올랐고, 이때부터 이미 금 간 양국 관계는 우크라이나 사태를

1990년 소련 당시 러시아와 우크라이나

맞으면서 무너져 내렸다.

## 서방의 동진

소련 해체 이후 경제난에 시달리던 우크라이나는 2000년대 중반부터 유럽연합EU과의 통합을 국가 주요 정책으로 채택했다. 2008년 EU는 우크라이나, 벨라루스, 몰도바, 조지아, 아제르바이잔, 아르메니아가 공정선거와 다당제 등의 자유민주주의 제도를 실시하면, 이들에게 FTA는 물론 경제 지원과 에너지 안보를 보장하겠다는 동방파트너십Eastern Partnership 협정을 제안했다.

크렘린은 이런 움직임을 러시아로부터 구소련 국가들을 떼어내겠다는 EU의 노골적인 전략으로 받아들였다. 또 EU 가입이 NATO 가입으로 이어질 확률이 높은 만큼 러시아는 해당 6개국을 경제제재로 압박했고, 동방파트너십 협상은 중단과 재개를 반복했다.

동방파트너십 협상은 서부(친서방) 지역에 기반을 둔 야권연합 주도로 추진되고 있었다. 하지만 2013년 11월 동부(친러) 출신인 빅토르 야누코비치Viktor Yanukovich 대통령이 협상을 무기한 연기하면서 해당 논의가 전면 중단되었다. 그러자 EU와의 통합을 지지하던 시민들의 격렬한 시위가 여기저기서 일어났다. 이를 유로마이단Euromaidan 사태 또는 혁명이라 부른다.

우크라이나 정부의 폭력적인 시위대 진압은 집회의 규모를 키우고 말았다. 2014년 2월 키이우Kyiv에서는 시위를 벌이던 중 75명이 사망했고, 1,100명이 부상을 입었다. 이후 봉기는 전국적으로 확산되었고, 국제사회는 우크라이나 정부의 폭력 진압을 강하게 규탄했다.

진퇴양난에 빠진 야누코비치 대통령은 더 이상 정상적인 국정 운영이 불가능하다고 판단하고, 결국 러시아의 도움으로 도피길에 올랐다. 우크라이나 의회는 야반도주한 대통령에 대해 탄핵 결의안을 통과시켰고, 사태는 마무리되는 듯했다.

동방파트너십 협상 중단이 그토록 거센 반발을 불러일으킨 이유는, EU와 손을 잡으면 우크라이나가 처한 경제난을 타개할 수 있을 것이라는 국민들의 기대가 높았기 때문이다. 하지만 야누코비치 정부는 러시아의 압박을 무시할 수 없었다.

러시아는 전통적으로 대체 불가능한 석유와 가스를 우크라이나로 수출하고, 우크라이나는 대체 가능한 기계, 교통수단, 철강 등을 러시아에 수출해왔다. 무엇보다 러시아의 에너지 공급이 끊기면 우크라이나 산업이 입게 될 막대한 피해는 불 보듯 뻔했다. 어쩌면 야누코비치 대통령의 결정은 현실을 고려한 어쩔 수 없는 선택이었을지도 모른다.

그렇다면 왜 러시아는 무리하게 우크라이나를 압박했을까? 2008년 미국과 체코는 미사일 방어기지 건설에 관한 협정에 서명했다. 2016년에는 루마니아에 배치된 미사일 방어체계가 본격적인 가동에 들어갔고, 폴란드 북부 미사일 방어기지까지 공사에 착수했다. 크렘린은 특히 폴란드 미사일 방어체계가 역내 전략적 균형을 깨뜨린다며 반발했지만, 백악관은 NATO 동맹국들을 중동으로부터 보호하기 위한 조치라며 물러서지 않았다.

그렇게 NATO의 군사 방어선이 조금씩 동쪽으로 이동하면서 우크라이나는 러시아가 절대 양보할 수 없는 지역이 되었다. 우크라이나까지 미국과 유럽의 영향권에 드는 것을 러시아는 심각한 안보 위협으로 인식했던 것이다.

## 크림반도

우크라이나 내에서 발생한 혼란과 위기를 기회로 삼은 곳이 있었다. 바로 크림반도다. 1991년 1월 크림반도는 자치권 회복에 관한 주민투표를 거쳐 우크라이나 내 자치공화국이 되었다. 이는 만약 우크라이나가 소련으로부터 독립을 선언하면 덩달아 독립하려는 크림 자치공화국의 큰 그림이었다.

1991년 12월 1일 우크라이나가 소련으로부터 독립하면서 크림반도의 꿈도 되살아나는 듯했지만, 1994년 5월 크림 자치공화국에서 독립헌법이 가결되자 우크라이나 정부는 크림반도의 경찰, 치안, 안보, 사법권을 축소시켰고, 독립의 꿈은 한순간에 물거품이 되어 버렸다. 당시만 해도 독립국 우크라이나는 핵폭탄 약 5천 발과 대륙간탄도미사일ICBM 170기 이상을 보유한 세계 3위의 핵보유국이었으니, 크림반도도 놓치지 않았다.

1994년 12월 미국, 영국, 러시아, 우크라이나 4개국은 부다페스트 안전보장 각서Budapest Memorandum on Security Assurances라는 빅딜에 합의했다. 그에 따라 핵미사일과 시설은 미국 주도로 폐쇄되

우크라이나 및 그 주변

였고, 러시아로 반출된 핵물질은 전량 폐기되었다. 우크라이나는 핵무기를 포기하는 대신 크림반도를 포함한 영토 보전, 주권 보장, 경제 지원을 약속 받았고, 가장 많은 지원을 약속한 미국으로부터 5억 달러를 받았다.

새로 등장한 우크라이나 임시정부는 민족주의를 내세우며 러시아와의 거리두기를 시작했고, 크림반도의 독립을 꿈꾸던 친러 세력들은 러시아 정부에 개입을 요청하고 나섰다.

크림반도는 1954년 우크라이나에 이양되기 전까지 200년 가까이 러시아의 영토였고, 인구의 60%가 러시아계다. 또 소련 해체 이후부터 크림반도는 자치공화국의 지위를 얻어 러시아와 밀접한 관계를 유지해 왔다. 무엇보다 러시아인들의 정서 속에도 크림반도는 러시아 땅인 만큼 크렘린 입장에서는 탈환의 명분이 충분했다.

2014년 2월 자국민 보호를 명분으로 러시아군이 크림반도에 투입되었다. 3월 11일 크림 자치공화국은 독립을 선포하고 크림 공화국을 결성했다. 여기에 크림반도 남서부에 위치한 세바스토폴Sevastopol 특별시도 합류했다. 이어서 크림 공화국과 세바스토폴이 러시아와의 병합에 관한 주민투표를 실시해 압도적인 찬성을 얻어내자, 러시아도 기다렸다는 듯이 병합 절차에 돌입하였다.

## 2014년 러시아의 크림반도 합병 과정 일자별 요약

3. 16  러시아와의 병합에 관한 크림 공화국과 세바스토폴 주민투표

3. 17  블라디미르 푸틴 대통령이 크림 공화국의 독립국가 지위 인정

3. 18  푸틴 대통령, 크림 공화국 총리, 최고회의 의장, 세바스토폴 시장 합병조약 서명

3. 19  러시아 연방 헌법재판소 만장일치로 합병조약 합헌 판결

3. 20  러시아 연방 하원(국가두마)에서 크림과 세바스토폴 수용에 관한 법률안 채택

3. 21  러시아 연방 상원(연방평의회)에서 합병조약 비준 통과, 푸틴 대통령 최종 서명

러시아와의 합병은 단 며칠 만에 일사천리로 마무리되었다. 그러자 미국이 가장 먼저 대러 제재에 나섰다. 특히 금융, 에너지, 방위 산업에 중점을 둔 제재는 푸틴Vladimir Putin 대통령을 중심으로 한 러시아 경제 엘리트의 이익구조를 마비시키는 데 집중했다.

하지만 미국과 러시아의 경제 관계가 아주 가깝지 않았기에, 미국의 제재만으로는 큰 효과를 기대할 수 없었다. 백악관은 EU의 동참을 기대했지만 유럽에게 러시아는 중요한 식료품 수출대상국이자 의존도가 높은 에너지 수입국이라 신중한 입장을 취할 수밖에 없었다. 좀더 강력한 명분이 필요했다.

그러던 중 2014년 7월에 말레이시아 민항기 격추사건이 발생했다. MH17편 여객기가 네덜란드 암스테르담에서 말레이시아 쿠알라룸푸르로 향하던 중 우크라이나 동부 도네츠크 상공에서 격추되었다. 탑승자 전원이 사망한 이 사건을 놓고 네덜란드 조사단은 러시아 지원을 받은 반군이 지대공 미사일로 여객기를 공격한 것으로 결론지었다.

푸틴 대통령은 러시아 배후설을 부인했지만, 민항기 격추사건을 계기로 EU는 대러 제재에 가담하게 되었다. 러시아는 대러 제재 참여국에 금수조치로 맞대응했고, 그에 따른 러시아의 식료품 수입 중단은 오랫동안 러시아에 수출해오던 EU 회원국들의 손실로 고스란히 돌아갔다. 사실상 이때부터 러시아 정부는 수입 대체화와 내수시장 활성화에 총력을 기울이기 시작했다.

우크라이나는 러시아의 크림반도 합병 이후 여론전에서 승리했지만, 이를 대대적인 외교전으로 이어가지는 못했다. 장기화된 우크라이나 문제에 미국과 유럽은 더 이상 예전만큼의 관심을 보이지 않았고, 성명을 내는 구경꾼들만 있었을 뿐 우크라이나가 그토록 기다리던 해결사는 끝내 나타나지 않았다.

## 내로남불

크림을 둘러싼 문제의 최대 쟁점은 바로 크림반도의 독립이다. 다시 말해, 러시아와 병합되기 이전 단계에서 크림 자치공화국과 세바스토폴 특별시가 선언한 독립이 합법이냐 불법이냐의 문제다.

독립이 합법이면 병합도 합법이기 때문이다. 이에 대해 우크라이나 정부는 크림반도의 독립이 국제법 위반이라며 국제사회에 호소했고, 크림 공화국은 두 가지 근거를 제시하며 독립의 정당성을 주장했다.

첫 번째 근거는 민족자결권이다. UN 헌장에 명시된 민족자결권은 국제법상 모든 민족 집단이 타민족이나 타국가의 간섭을 받지 않고, 자신의 의지에 따라 그 운명을 스스로 결정짓는 기본 권리를 말한다.

민족자결주의National Self-determination 정신은 1918년 1월 미국의 우드로 윌슨Woodrow Wilson 대통령이 발표한 14개조 평화 원칙Fourteen Points에도 반영되었다. 이 정신은 꾸준히 계승되어 제2차 세계대전 이후 식민지 민족의 독립에 큰 영향을 미쳤고, 우리 민족의 3·1운동 역시 이러한 세계적인 추세의 영향을 받았다.

크림 공화국과 세바스토폴 특별시가 제시한 두 번째 근거는 국제사법재판소의 코소보Republic of Kosovo 독립 선언 적법 결론이었다. 2008년 2월 17일 코소보 공화국은 세르비아Republic of Serbia로부터 독립을 선언했는데, 당시 미국은 코소보, 러시아는 세르비아 편을 들었다.

2010년 국제사법재판소 오와다 히사시Owada Hisashi 소장은 결정문을 통해 "국제법에는 독립선언에 대한 금지 규정이 없다"며 "코소보의 독립선언은 일반적 국제법상 위법 행위가 아님"을 밝혔다. 국제사법재판소의 결론이 구속력을 갖지 않는 자문 의견이긴 했지만, 결과적으로 코소보에 정치적 명분을 제공했고 그렇게 코소보

세르비아와 코소보

사태는 선례가 되었다. 2021년 기준 코소보의 독립을 인정하는 나라는 한국을 포함해 117개국이다.

2008년 힐러리 클린턴Hillary Clinton 당시 미 국무장관은 "코소보는 독립국가로서 그들의 영토는 침범될 수 없다"는 말을 남기기도 했다. 반대로 푸틴 대통령은 "코소보의 일방적인 독립선언은 국제법에 위배된다"고 주장한 바 있다.

'그땐 그랬던' 서방과 러시아가 이제 와서 크림반도를 놓고 입장을 뒤바꿔, 코소보 사태 때와는 정반대의 주장을 펼치고 있다. 한쪽에서는 영토주권 침해와 국제법 위반을, 다른 한쪽에서는 민족자결주의 원칙을 내세우고 있다.

이는 어느 나라든 자신의 이익에 따라 언제든 말을 바꿀 수 있다는 국제정치의 생리를 적나라하게 보여주는 사례다. 국제정치는 명분의 크기보다 이익의 크기로, 법의 논리보다 힘의 논리로 돌아가기 때문이다. 오로지 국익만 있을 뿐, 룰도 없고 심판도 없다.

대부분의 UN 회원국은 여전히 크림반도를 우크라이나 영토로 간주하고 있다. 반면 아프가니스탄, 베네수엘라, 니카라과, 시리아, 북한, 수단, 쿠바 등 7개국은 크림반도를 러시아의 일부로 인정한다는 공식 입장을 발표했다. 그밖에 중국, 인도, 남아공, 벨라루스, 카자흐스탄, 우즈베키스탄 등 20여 개국은 러시아에 비공식적인 지지를 보내고 있다.

한편 크림반도 병합으로 러시아는 돈으로 살 수 없는 전략적 이익을 얻었다. 우크라이나에 지급하던 1억 달러 가량의 흑해함대 주둔 비용을 낼 필요가 없어졌고, 주둔 조건으로 제공했던 가스 값 할인도 없던 일이 되어 버렸다. 게다가 러시아는 크림반도의 인구 2백만 명, 지하자원과 관광자원, 항만시설과 해군시설까지 확보했다. 가시적인 군사적, 경제적 성과를 거둔 셈이다.

## '특수작전'이라 불리는 전쟁

2014년 4월, 크림반도 병합 이후 한때 소련의 최대 공업지대였던 돈바스Donbass에서도 독립운동이 시작되었다. 돈바스는 독립을 선언한 우크라이나 동부의 루한스크Luhansk(루한스크인민공화국) 주와 도네츠크Donetsk(도네츠크인민공화국) 주 일대를 가리키는 지명이다.

같은 해 5월 돈바스는 독립을 선언했다. 친러 성향이 강해 우크라이나 내정에 미치는 영향이 큰 이 지역은 러시아에게 정치적으로 중요한 곳이다. 그렇다고 흡수하기에는 상당한 경제적, 정치적 비용이 들어 당시 푸틴 정부는 돈바스 병합을 고려하지 않았다.

러시아는 합병보다 고도의 자치를 보장하는 민스크 협정Minsk Agreement을 통해 돈바스를 정치적 완충지대로 삼으려 했다. 오랫동안 돈바스의 독립을 공식적으로 인정하지 않은 것도 같은 이유 때문이었다.

한편 돈바스의 독립을 두고만 볼 수 없었던 포로셴코Petro Poroshenko 정부는 강경하게 대응했고, 반군과의 무력충돌은 곧바로 우크라이나 내전으로 비화되었다. 그리고 2022년 2월까지 약 8년 간 지속된 내전은 돈바스를 쑥대밭으로 만들어버렸다.

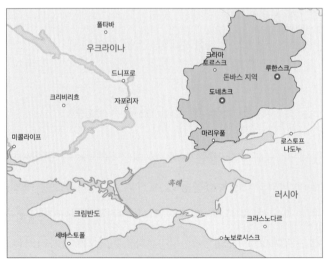

크림반도와 돈바스 지역

위기의 발단은 제대로 작동되지 않은 민스크 협정이었다. 2018년 도네츠크인민공화국 대통령이 폭탄테러로 암살당하는가 하면, 끊임없는 교전과 포격전으로 돈바스에서만 1만 4천여 명이 사망했다. 갈등이 격화되는 가운데 크렘린은 특단의 조치를 내놓았다.

2021년 12월 러시아 정부는 협정문 초안을 미국과 NATO에 전달했다. 미국에는 NATO의 동진 중단과 구소련 국가들의 신규 가입 중지, 상호 공격 가능한 지역에 전략폭격기 및 군함 파견 중지 등을, NATO에는 유럽 병력 배치를 NATO의 동진 전인 1997년 상태로 복귀, 우크라이나의 NATO 가입 불허, 우크라이나를 포함한 동유럽, 코카서스, 중앙아시아에서의 군사행동 중지 등을 요구했다.

미국과 NATO가 수용할 수 없는 내용으로 가득 찬 협정문은 전쟁이 발발하더라도 도덕적 명분을 잃지 않겠다는 의도가 담긴 푸틴 대통령의 최후통첩에 가까웠다. 미국과 NATO는 이를 거부했고, 여기저기서 군사 충돌을 예견하는 목소리들이 퍼져 나왔다.

2022년 2월 푸틴이 루한스크인민공화국과 도네츠크인민공화국의 독립을 인정하는 대통령령에 서명하면서 우크라이나 내전은 새로운 국면을 맞았다. 크렘린은 두 공화국과의 우호, 상호원조 조약에 따라 2월 24일 평화 유지를 명분으로 군 병력을 돈바스에 파견했다. 아무도 예측하지 못한 전쟁은 그렇게 시작되었다.

러시아는 전쟁을 전쟁이라 하지 않고 '특수작전'이라는 표현을 공식화했다. 왜 크렘린은 아무도 공감할 수 없는 표현을 썼을까?

크게 두 가지 이유를 생각해 볼 수 있다. 첫째는 러시아 경제 붕괴를 막기 위함이다. 모든 경제 활동은 계약을 통해 이루어지는데, 계약에 명시된 불가항력 조항(계약 당사자들의 합리적인 통제를 벗어난 상황)이 발동되면 러시아 내수경제가 하루아침에 무너질 위기에 처할 수 있기 때문이다.

둘째는 프레이밍 효과다. 앞서 소개한 바와 같이 러시아와 우크라이나는 동족이다. 동족끼리의 전쟁은 씻을 수 없는 상처를 남길 수밖에 없다. 6·25를 경험한 세대만 봐도 알 수 있다. 결과적으로 프레이밍 효과는 미미했지만, 결국 한 민족 간의 갈등과 상처를 최소화하기 위해 러시아 정부가 '특수작전'이라는 용어를 고집한 것으로 보인다.


2022년 9월 30일 크렘린은 러시아로의 편입을 위한 주민투표를 끝낸 우크라이나 동부의 4개 주(루한스크, 도네츠크, 자포리자, 헤르손) 병합을 공식화했고, 현재 이 4개 주는 러시아령이다.

러시아군과 우크라이나군의 양보 없는 힘겨루기는 계속되고 있다. 여전히 우크라이나는 EU와의 통합을 원하고 있지만, EU는 더 이상 몸집을 키울 형편이 못 된다. 우크라이나의 NATO 가입 문제도 마찬가지다. 젤렌스키 대통령의 애타는 호소가 먹히지 않는 것은 그만큼 우크라이나 이슈가 서방 진영에 가져다주는 상대적인 이익이 적기 때문이다.

매일 쏟아지는 전쟁 뉴스에 이제는 지켜보는 사람들도 피로감을 느끼기 시작했다. 우크라이나의 든든한 우방국인 미국에서조차 지원을 중단해야 한다는 여론이 힘을 얻고 있다. 게다가 2023년 10월에 발발한 하마스와 이스라엘 간의 전쟁이 국제사회의 주목을 받으면서 우크라이나 이슈는 점점 동력을 잃어가는 모양새다.

## 또 다른 형제국, 중국

역사적으로 보면 러시아의 형제국은 우크라이나다. 지금이야 서로를 향해 총포를 겨누는 사이가 되었지만 말이다. 한편 21세기 러시아의 형제국은 정치적으로나 경제적으로나 중국이다. 그렇다면 두 나라의 관계는 언제부터 시작되었고, 또 어쩌다 이들은 정치적, 경제적 운명 공동체가 되었을까?

1480년 몽골 제국으로부터 독립한 모스크바 대공국은 차츰 영토를 통일해 1547년 러시아의 시초인 루스 차르국을 건설했다. 1580년부터 차르국은 시베리아를 정복하며 본격적인 영토 확장에 나섰는데, 동진의 주요 목적은 당시 '검은 황금'으로 불렸던 흑담비 수렵이었다.

시베리아 정복은 카자크 용병들이 이끌었다. 1619년 예니세이강 Yenisei river, 1629년 레나강 Lena river, 1637년 오호츠크 Sea of Okhotsk 해안까지 진출하는 등 이들의 성과는 대단했다.

17세기 중반 차르국은 부랴트족을 정복하고 바이칼 Lake Baikal 호반을 지나 아무르강 Amur river 유역까지 영토를 확장했으며, 거기서 처음 만난 청나라 만주족과 30년 넘게 크고 작은 전투를 치렀다. 이때 조선은 당시 청나라의 강요로 차르국 정벌(나선 정벌)에 출정

러시아의 주요 강

한 바 있다.

국경 분쟁은 1689년 차르국과 청나라가 네르친스크 조약Treaty of Nerchinsk을 맺으면서 종결되었다. 이 조약은 최초로 동서양 국가가 대등한 관계에서 체결되었다는 점에서 역사적 의미가 깊다.

제2차 아편전쟁(1856-1860)에서 중국이 패하자, 러시아는 베이징 조약으로 인해 1860년 청나라의 연해주Primorskii Krai 지역을 할양받았다. 그렇게 지금의 연해주가 러시아 땅이 되었다.

영토를 두고 불편했던 양국이 20세기에는 뜻을 같이하기도 했다. 소련과 중국은 제2차 세계대전 당시 연합국 진영에서 일본 제국에 맞서 싸웠고, 한국전쟁에서는 같은 사회주의 진영의 북한을 함께 지원했다.

냉전이 시작된 이후에는 소련과 중국 사이에 크고 작은 갈등이 끊이지 않았다. 양국은 공공의 적(미국)이 나타나면 적극적으로 협력하고, 적이 사라지면 서로 갈등하는 패턴을 반복했다.

한편 미국은 필요에 따라 양국과 전략적으로 손을 잡기도 했다. 예를 들어, 한국전쟁 이후 중국을 봉쇄하기 위해 미국은 소련과 전략적 협력을 도모했다. 그러다 1979년 중국이 대외개방을 선언하고 자본주의 시장경제를 도입하자, 미국은 소련을 제압하기 위해 중국과의 관계를 회복했다.

소련 해체 이후 미국은 러시아와 중국의 견제 대상이 되었고, 현재 러중 양국은 대북제재, 시리아와 우크라이나 문제 등 주요 국제 이슈에 대해 한목소리를 내며 사상 최고의 밀월관계를 과시하고 있다.

이 같은 변화는 국민 정서에서도 뚜렷하게 나타났다. 2008년과 2014년 두 차례에 걸쳐 실시한 러시아 여론 조사에 따르면, 중국에 대한 긍정평가가 23%에서 51%까지 상승했다. 반면 미국에 대한 부정평가는 25%에서 무려 78%까지 올랐다.

2001년 6월 중국, 러시아, 카자흐스탄, 키르기스스탄, 타지키스탄, 우즈베키스탄 6개국은 상하이협력기구SCO를 창설했다. 현재 20여 개국이 다양한 자격으로 기구에 속해 있다. 중국을 중심으로 모인 이들은 정치·경제·군사·안보·과학·기술·문화·교육·자원·교통·환경 등 거의 모든 영역에서 협력을 도모하고 있다.

러시아는 2015년 EU의 대항마로서 경제연합체인 유라시아경제연합EAEU을 탄생시켰다. 러시아, 카자흐스탄, 벨라루스, 키르기스스탄, 아르메니아 등으로 구성된 EAEU는 비록 회원국 수는 적지 만 풍부한 천연자원, 인구 1억 8천 6백만 명의 내수시장, 유럽과 아 시아를 관통하는 지정학적 이점이 있어 잠재력 있는 신흥시장으로 평가받고 있다. 물론 이 경제연합체가 EU에 견줄 만한 연합체가 될 수 있을지는 미지수이다.

2017년 러시아의 푸틴 대통령과 중국의 시진핑 주석은 각자가 주도하는 EAEU와 SCO의 상호협력을 통해 공동의 단일 시장을 지 향하자는 데 뜻을 모았다. 이로써 양국은 앞으로 한동안 반미反美 라는 정치적 이익의 울타리 안에서 경제적 이익을 확대해나가며 새로운 역내 질서 형성에 힘을 쏟을 것으로 보인다.

## 업고 업히는 사이

세계 경제 패권은 서에서 동으로 이동하는 중이다. 세계적인 투자 자 짐 로저스Jim Rogers는 그중에서도 중국에 주목하고 있다. 그밖 에 수많은 전문가가 미국을 압도하는 21세기 신흥패권국으로 중국 을 점치고 있다. 그런 중국과의 관계에 러시아는 공을 들이고 있다.

러시아와 중국의 교역 규모는 2000년 80억 달러에서 2008년 600억 달러까지 연간 10~45%가량 눈부시게 성장했다. 글로벌 금 융위기로 인해 교역량이 일시적으로 감소했지만, 2010년부터 다시 상승하여 2014년 교역액 884억 달러까지 끌어올렸다.

2014년 우크라이나 사태 이후 러중 관계는 더 긴밀해졌고, 상호 투자도 확대되었다. 중국의 대러시아 투자 분야는 에너지, 건설, 시멘트, 자동차 제조업, 농업, 임업 등이고, 러시아의 대중국 투자 분야는 제조업인데 주로 화학 분야에 집중되어 있다.

교역은 물건을 사고팔면 끝나는 일이지만 투자는 상대국에 자산이 묶이는 일이다. 투자 대상국의 경제 상황과 시장성 외에 사회정치적 안정성과 자국과의 외교 관계까지 고려해야 하는 만큼 신중할 수밖에 없다.

그럼에도 불구하고 러중 상호 투자 활성화가 가능했던 이유 중 하나는 양국에 국영기업이 많다는 점에 있다. 국영기업의 경우, 전략적 성격만 부합하면 투자 이행 결정이 민간기업에 비해 상대적으로 수월하다. 그렇게 중국이 러시아 기업을 인수하거나 지분을 매입하는 체결 건도 상당수 이루어졌다.

대표적인 투자 사례를 보면, 2013년 중국석유천연가스공사CNPC가 야말Yamal반도 LNG 프로젝트 지분 20%를 매입해 연 300만 톤의 액화천연가스를 수입하게 되었고, 2014년에는 러시아 에너지 기업 가즈프롬Gazprom과 사상 최대 규모의 계약을 체결하여 연 380억㎥의 가스를 향후 30년 동안 안정적으로 공급받게 되었다. 또 2015년에는 중국석유화공 시노펙Sinopec이 러시아 석유화학 기업 시부르Sibur 지분 10%를 인수했다.

푸틴 정부는 중국과의 물류 협력에도 적극적이다. 러시아에 시베리아 횡단철도TSR가 있다면, 중국에는 중국 횡단철도TCR가 있다. 양국은 4,209km 길이의 국경을 맞대고 있지만, 철도로 연결된 곳은 자바이칼 변강Zabaikal'skii Krai과 연해주 두 곳뿐이고 나머지는 모두 도로다.

각각의 특징을 살펴보면, TSR은 극동에서 동유럽까지 한 번에 갈 수 있다는 장점이 있다. 하지만 정작 시작점이자 도착점인 블라디보스토크Vladivostok는 인구는 물론 화물 발생량도 적다.

TCR은 세계적인 제조업 지대인 중국에서 출발하여 자체 화물 발생량은 넘치지만, 국가 간 궤간Track gage이 달라 러시아와 중앙아시아와는 철로 연결에 어려움이 있다. 그래서 앞으로 어떻게 서로의 약점을 보완하며 기술과 행정의 통합을 이루느냐가 양국 철도 협력의 관건이 될 것으로 보인다.

여기에 동해 출해권 문제도 빠질 수 없다. 중국은 동해로 나가는 길목이 없어 북한의 나진항 부두를 이용하거나 러시아의 연해주 부두를 통해 물건을 내보내고 있다. 해로 외에 중국은 연해주 부두로 이어지는 교통 인프라에도 관심이 많다. 만약 양국이 동해 출해권과 TSR 경쟁력 강화의 니즈를 맞교환한다면 공동의 이익을 실현할 수 있을 것이다.

특히 중국과 러시아의 물류 협력에서 중요한 비중을 차지하는 것은 바로 에너지다. 에너지 자원은 개발, 생산, 가공, 수송 등의 과정이 모두 필요한 거대 산업으로, 에너지를 유라시아 전역에 가장 안정적으로 공급할 수 있는 통로는 송유관과 가스관이다. 현재 중국은 파이프라인을 통해 중앙아시아와 러시아로부터 자원을 조달하고 있다.

21세기 중국은 경제 강국이다. 오늘날 미국과 무역 전쟁을 할 수 있는 유일한 국가도 중국이다. 특히 2014년 11월 세계 각지를 육로와 해로로 연결하겠다는 시진핑Xi Jinping 정부의 일대일로One Belt One Road 전략 발표 이후 중국은 경제 패권국의 면모를 거침없이 과시하고 있다.

무시하기는커녕 이제는 선진국들의 견제 대상이 될 정도로 중국의 위상이 높아졌다. 주변국들의 입장도 크게 다르지 않다. 2018년 러중 교역 규모는 사상 최초로 1천억 달러를 돌파했지만, 신흥 패권국가로 이미 자리 잡은 중국에게 더 많은 힘이 실리는 것이 러시아로서는 부담이 아닐 수 없다. 하지만 국제정치가 구도의 경쟁인 만큼 서방이 러시아를 계속해서 경제적으로 압박하는 한, 러중 관계는 더욱 강화될 전망이다.

## 러시아 역사의 변수, 일본

러시아와 일본의 관계는 17세기 중반으로 거슬러 올라간다. 러시아는 동쪽으로 영토를 확장해 오호츠크 해역까지 진출한 상태였다. 당시 일본은 물론, 조선을 포함한 동북아 국가들은 대부분 서구 열강이 자신들의 자주권을 침해하지 못하도록 하는 통상수교거부정책, 즉 쇄국정책을 시행하고 있었다. 이 때문에 러시아는 일본과 국교를 수립할 방법을 찾지 못했다. 시간이 흘러 1854년 3월 일본의 쇄국정책에 종지부를 찍는 미일화친조약Kanagawa Treaty이 체결되었다. 일본은 봉건 국가에서 근대 산업국가로 변모하기 시작했다. 서방의 예술과 과학을 배우고 모방했다. 동시에 일본은 급속한 근대화로 인한 무사 계급의 불만을 돌리기 위해 대외진출을 모색했다.

뒤이어 곧바로 러시아가 1855년 2월 러일화친조약Treaty of Shimoda을 체결해 일본과 정식 수교를 맺었다. 조약에 따라 양국 국경은 쿠릴열도Kuril Islands의 이투루프Iturup섬과 우루프Urup섬을 가르는 프리즈만Friz Bay으로 정해졌고, 사할린Sakhalin섬은 공동 관리 구역으로 설정되었다. 한편 1875년 러시아는 일본에 우루프섬을 포함한 쿠릴열도 북부 섬들을, 일본은 러시아에 사할린섬 전체를 넘겨주겠다는 상트페테르부르크 조약Treaty of Saint Petersburg에 서명하면서 모호했던 국경 문제는 일단락되었다.

1894년 조선의 지배권을 놓고 청일전쟁이 발발했다. 전쟁에서 승리한 일본은 1895년 시모노세키 조약Treaty of Shimonoseki을 통해 조선은 물론 만주까지 지배력을 확장했고, 대만과 요동반도를

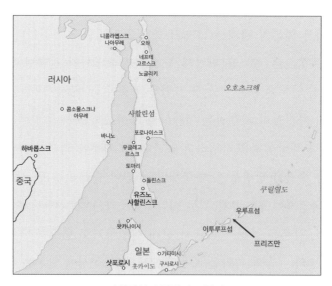

사할린섬과 쿠릴열도 주변

차지하게 되었다. 일본의 팽창을 견제하기 위해 러시아는 독일, 프랑스와 함께 외교적으로 개입하여 요동을 다시 청나라에 반환시켰다. 이를 계기로 러시아의 영향력이 증대되자, 고종은 아관파천을 통해 러시아의 힘을 빌려 일본을 떨쳐내려고 했다.

청일전쟁 이후 러시아와 일본은 만주와 한반도의 주도권을 놓고 협상을 이어갔다. 이토 히로부미는 만주에서 러시아의 주도권을 인정해 주는 대신 한반도에서 일본의 주도권을 요구했다. 하지만 러시아는 한반도 북위 39도선을 경계로 분할통치안을 제안했고, 이를 받아들일 수 없었던 일본은 전쟁을 준비하기 시작했다.

1904년 2월부터 1905년 9월 사이에 벌어진 러일전쟁은 일본의 승리로 끝났다. 만약 러일전쟁이 일어나지 않았더라면, 러시아는 어쩌면 전혀 다른 역사의 길을 걸었을지도 모른다. 이는 러시아 역사의 변곡점이자, 세계사의 변곡점이었다.

러일전쟁을 일본의 승리로 이끈 것은 아이러니하게도 유대계 자본이었다. 그 중심에는 '유대인 세계지배론'을 몸소 보인 은행가 제이콥 쉬프Jacob Schiff가 있었다. 제정 러시아의 반유대주의 정책에 보복하기 위해 일본의 전쟁 국채를 사들인 그는 일본을 지원한 공로를 인정받아 천왕으로부터 서보장 및 욱일장 훈장을 받았다. 이후 쉬프는 1917년 유대인을 동등한 시민으로 선언한 러시아 임시정부에 재정적 지원을 제공하기도 했으며, 그가 레온 트로츠키Leon Trotskii에 자금을 대주어 사회주의 혁명에 도움을 주었다고 믿는 학자들도 있다.

1905년 9월 러일전쟁은 포츠머스 조약Treaty of Portsmouth으로 막을 내렸다. 미국의 중재로 체결된 이 강화조약에 따라 일본은 대한제국에 대한 배타적 지배권을 확보했고 사할린섬 북위 50도선 이남을 할양받았다.

## "쿠릴은 우리 땅"

제2차 세계대전이 막바지로 치닫고 있던 1945년 2월, 크림반도 얄타에서 회담이 열렸다. 종전 이후의 세계질서를 논하는 자리에서 미국과 영국은 독일이 패전할 시 3개월 이내에 일본과의 전쟁에 합류할 것을 소련에 요청했다. 소련은 남사할린과 쿠릴열도 반환을 조건으로 제안에 응했다.

1945년 5월 8일 나치 독일은 항복을 선언했지만, 아시아 전선에서는 일본이 버티고 있었다. 8월 6일 미국이 히로시마에 원자 폭탄을 투하하자, 전쟁은 연합국에게 유리한 국면으로 전환되었다.

참전의 실리를 저울질하다가 다급해진 소련은 이틀 뒤인 8월 8일 대일 선전포고 후 만주 전략 공세작전을 펼쳤고, 그 기세를 몰아 남사할린과 쿠릴열도까지 탈환했다. 그렇게 소련은 러일전쟁 이후 40년 만에 찾아온 복수의 기회를 놓치지 않았다.

1951년 9월 8일 제2차 세계대전을 종식하기 위해 연합국은 샌프란시스코에서 일본과의 평화조약Treaty of San Francisco을 체결했다. 그런데 주요 연합국이었던 소련과 중국이 조약 준비 과정에서 배제되었고, 소련은 미국과 영국이 독단적으로 작성한 초안에 이의를 제기하며 끝내 평화조약에 서명하지 않았다.

1956년 소련과 일본은 공동선언Soviet–Japanese Joint Declaration을 통해 전쟁 상황을 마무리하기 위한 평화조약 협상에 돌입했다. 소련은 평화조약 체결 이후 시코탄Shikotan섬과 하보마이Khabomai 군도를 일본에 인도하겠다는 뜻을 선언문에 담기도 했다. 하지만 1960년 1월 일본이 미국과 미일안전보장조약을 개정하자, 소련은 섬 반환 의사를 철회했고, 그렇게 소련과 일본의 평화조약 협상은 없던 일이 되어 버렸다.

러시아와 일본의 관계는 소련 해체 이후에야 정상화되기 시작해 현재는 경제 교류가 활발히 이루어지고 있다. 그럼에도 불구하고 일본에게 영토 문제는 여전히 목에 걸린 가시 같다. 제2차 세계대전이 종식된 지 80년이 되어가는데도 러시아와 일본이 평화조약을 끝내 맺지 못하고 있는 이유는 오로지 일본이 제기하는 영토 문제 때문이다.

앞서 소개한 바와 같이 쿠릴열도는 러시아와 일본의 오랜 갈등 지역이다. 열도를 구성하는 56개의 섬과 바위섬들은 태평양 북서부 캄차카반도Kamchatka Peninsula와 일본의 홋카이도 사이에 분포하며, 오호츠크해와 북태평양을 가르는 경계를 이루고 있다. 러시아로서는 태평양으로 나가는 극동의 전략적 요충지이기도 하다. 게다가 이 지역은 해저 지하자원이 풍부해 경제적 가치도 높다.

일본 정부는 쿠릴열도 남단 4개의 섬에 대한 영유권을 일관되게 주장하고 있다. 하지만 러시아는 실효 지배 중인 열도 전체의 전략적 가치와 타 지역 국경 분쟁에 미칠 영향을 고려해 평화조약 체결

러일 영토 문제가 걸린 쿠릴열도 일대

과 그에 따른 2개의 섬만 반환한다는 기본 원칙을 견지하고 있다.

2016년 일본을 11년 만에 방문한 푸틴 대통령은 현지 언론과의 인터뷰에서 쿠릴열도에 대한 입장을 명확히 했다. "우리는 영토 문제가 전혀 없다고 생각한다. 그런데 일본은 러시아와의 영토 문제가 있다고 하니 그 점에 대해 이야기 나눌 용의가 있다."

푸틴 대통령은 일본에 관심이 많다. 그가 영토 문제에 관한 협상 가능성을 열어둔 것도 일본과의 경제 협력이 신동방정책의 추동력 제고, 서방의 경제제재 완화, 국제적 고립 탈피, 중국 의존도 축소 등 산재한 문제들을 해결하는 데 도움이 되기 때문이다. 일본 정부는 이러한 상황을 정확히 파악하고 있었다.

일본 정부는 우크라이나 사태 이후 대러 경제제재에 동참하면서도 대규모 경협을 통해 러시아와의 교역 규모를 확대하고 중국의 부상을 견제하며, 궁극적으로는 영토 문제까지 해결하는 보다 유연한 대러 전략을 취해왔다.

2016년 5월 아베 신조Shinzo Abe 총리는 러시아 소치Sochi에서 푸틴 대통령을 만나 보건의료, 도시개발, 중소기업 교류, 에너지, 러시아의 산업 다변화, 극동지역 산업 개발, 첨단 기술 협력, 인적 교류 확대 등 총 8개 항목의 포괄적 경제 협력 구상을 제시한 바 있다. 그 구상의 일환으로 같은 해 12월 양국은 약 3조 원에 이르는 경협 방안에 합의했다.

영토 문제에 대해서는 "공동경제활동에 나서되, 특별 제도에 근거해 러일 간 평화조약에 대한 양국의 입장을 해치지 않도록 한다"는 내용의 합의문을 발표했다. 이후 협상 과정에서 러시아는 자국법에 근거한 특별 제도 신설을 일본에 제안했다. 하지만 그렇게 할 경우, 쿠릴열도를 러시아 영토로 인정하는 것이나 마찬가지이므로 이는 받아들여지지 않았다. 영토 문제가 난항을 겪던 중 2017년 8월 드미트리 메드베데프Dmitrii Medvedev 총리가 시코탄섬을 경제특구 성격의 선도개발구역TOR으로 지정해 일본을 당황하게 만들었다.

영토 문제는 좀처럼 해결될 기미가 보이지 않는다. 게다가 최근 북극 항로 개발로 쿠릴열도의 전략적 가치가 재평가되고 있어, 향후 협상에도 적지 않은 영향을 미칠 것으로 보인다. 만약 그런 상황 속에서도 평화조약이 체결된다면 러시아와 일본은 새로운 차원의 관계로 발전할 것이 분명하다.

한편 쿠릴열도 문제는 독도 문제와 무관하지 않다. 일본은 잊을 만하면 독도의 영유권 문제를 제기해 우리의 분통을 터뜨린다. 그런 점에서 러시아와 일본이 협상 과정에서 내세우는 국제법적, 국제정치적 논리와 전략은 우리에게도 관찰하고 참고할 만한 가치가 있다.

## 고종이 시작한 북방외교

1884년 조선과 러시아 제국은 조러수호통상조약을 맺으며 외교 관계를 수립했다. 청나라가 쇠락하는 정세의 흐름 속에서 고종은 뒤늦게 조미수교와 조러수교를 통해 외교의 다변화를 시도했다. 하지만 러일전쟁에서 러시아가 패전하는 바람에 조선의 북방 외교는 힘을 발휘하지 못했고, 1905년 을사늑약 이후로 조선과 러시아 간 공식 교류는 전무했다.

1990년 한소수교 이전까지만 해도 한국은 공산권 국가들과의 외교 채널을 확보할 기회가 없었다. 적대 관계에 있는 나라와 대화 채널을 유지하고 관계 개선을 도모하는 것 자체가 현실적으로 불가능했다. 그럼에도 불구하고 1970년대 초부터 외교부는 특수지역과를 신설해 대공산권 외교정책을 연구해왔다. 러시아어와 중국어 구사자를 특채로 채용하기 시작한 것도 이때부터다.

냉전 시대가 저물어가던 1990년 6월 4일 샌프란시스코에서 만난 노태우 대통령과 고르바초프는 한소수교 원칙에 합의했다. 국교 복원의 물꼬가 트이자, 같은 해 9월 30일 양국은 곧장 수교를 맺었다. 노태우 정권의 이러한 대외 행보는 1991년 9월 남북한 UN 동시 가입과 1992년 8월 한중수교로까지 이어지며 대한민국 외교의 지평을 넓히는 데 기여했다.

무엇보다 1988년 열린 서울올림픽은 한소수교에 큰 영향을 미쳤다. 1979년 소련군의 아프가니스탄 침공을 규탄한 서방 국가들은 항의의 뜻으로 1980년 모스크바올림픽에 불참했다. 공산권 국가들 역시 1984년 로스앤젤레스올림픽에 참가하지 않았다.

두 번의 반쪽짜리 올림픽 이후 모두가 참여한 88서울올림픽은 전 세계의 이목을 집중시킬 수밖에 없었다. 그리고 우리나라는 자본주의와 공산주의 진영 모두에게 대한민국을 보여줄 수 있는 절호의 기회를 놓치지 않았다.

1989년 베를린 장벽이 무너졌고, 이듬해 소련이 무너지기 시작했다. 정태익 전 주러시아 대한민국 대사는 "서울올림픽이 공산 국가들과의 관계를 개선하는 중요한 계기이기도 했지만, 냉전의 종식을 앞당긴 강력한 기폭제로 작용했다"며, "88올림픽의 역사적 재평가가 이루어져야 한다"고 주장한 바 있다.

1991년 개방된 러시아의 인기는 대단했다. 새로운 시장 개척을 통한 대박을 꿈꾸며 모스크바를 찾는 사람들이 넘쳐났다. 하지만 러시아는 정치, 경제, 사회적 혼란 속에서 허우적대며 힘겨운 시절을 지나고 있었다. 당시 러시아를 방문한 사람들도 크게 실망했다. 미국과 냉전을 치른 대국의 모습이 이렇게 참담할 수 있느냐며 말이다.

1990년대 초 서구의 반덤핑 제소에 시달리던 한국 기업들은 동구권 시장에 큰 관심을 보였다. 반덤핑 관세를 얼마나 맞느냐에 따라 미국과 유럽 시장으로의 수출이 하루아침에 중단될 수 있다는 불안감의 영향이 컸다. 다행히 88올림픽 전후로 한국산 제품이 유럽을 통해 동구권 시장으로 조금씩 유입되고 있었다.

우리 기업의 동구권 시장 진출에 한소수교는 불을 지폈고, 한국이 소련에 약속한 30억 달러 규모의 경협차관은 기름을 끼얹었다. 소련의 해체로 경협차관이 14억 7천만 달러에서 중단되었지만, 이는 한국이 소련으로부터 얻을 수 있는 경제적 이익을 기대하며 종잣돈 명목으로 제안한 일종의 투자였다.

경협차관을 들여다보면, 3분의 2는 현금, 나머지 3분의 1은 소비재 차관이었다. 소비재 차관은 소련 당국에서 희망하는 한국산 소비재를 고르면, 제조사는 해당 상품을 제공하고 결제는 정부가 대신해주는 구조다. 이는 소련 붕괴 전후로 극심했던 소비재 품귀 현상을 극복하는 데 일조했을 뿐 아니라, 한국 제품이 러시아 대중에게 널리 소개되는 계기가 되었다.


한러 관계는 경제 협력이라는 공통 관심사에서 출발했다. 한국과 러시아의 관계는 중국이나 일본과의 관계와는 달리 교류의 역사가 짧은 만큼 불편한 과거가 없다. 특히나 러시아가 보기에 한국은 역사적으로 패권을 지향한 적도 없고, 앞으로도 그럴 가능성은 없을 것 같다. 북한 문제를 제외하면 양국 간에는 특별한 정치적 이슈도, 갈등도 없다.

20세기 후반까지만 해도 러시아는 동양보다 서양과의 관계를 우선시했다. 하지만 2014년 우크라이나 사태 이후 서방과의 장기적인 대립에 빠지자, 러시아는 동북아시아 국가들과의 경제 협력에 관심을 가지며 유럽에서 아시아로 눈을 돌리고 있다.

표트르 대제Pyotr I가 상트페테르부르크를 통해 18세기 러시아를 유럽 문화권에 편입시켰다면, 푸틴 대통령은 극동지역을 통해 21세기 러시아를 아태지역 경제권에 편입시켜 침체된 경제를 부흥시키고 지정학적 영향력을 확대하고자 한다. 그것이 바로 푸틴 정부가 밀고 있는 신동방정책의 핵심이다.

## 재정립이 필요한 한러관계

역대 정부는 외교 다변화와 경제적 외연 확장을 위해 각기 다른 이름으로 북방정책을 펼쳤다. 지난 문재인 정부에서 추진했던 신북방정책 역시 정치적으로는 한반도 문제에서 우리 편을 만들고, 경제적으로는 신성장 동력을 확보하자는 취지를 담고 있었다.

그렇다면 우리는 어디까지를 '북방'의 범위로 봐야 할까? 좁게 보면 러시아 극동지역과 중국의 동북삼성을 떠올릴 수 있고, 넓게 보면 몽골, 중앙아시아, 동유럽까지도 포함할 수 있다. 일각에서는 튀르키예까지 포함시켜야 한다는 의견도 있으나, 북방정책의 최대 파트너는 범위로 보나 비중과 중요도로 보나 단연 러시아다.

2017년 9월 블라디보스토크에서 열린 제3차 동방경제포럼에서 문재인 대통령은 정책의 구체적인 실천 방안으로, 가스, 철도, 항만, 전력, 북극항로, 조선, 농업, 수산, 산업단지 등 양국 간 나인브릿지9-Bridge, 즉 9개 협력 프로젝트 추진을 러시아 측에 제안했다.

역대 정부는 나름의 북방정책을 집행했다. 하지만 지정학적 위기 증대, 다자 협력 플랫폼 부재, 남북관계 악화, 협력 프로젝트의 장기적 성격, 경제적 타당성과 재원 부족 등의 이유로 여태껏 내로라 할 만한 성과를 거두지 못했다.

문재인 정부의 신북방정책도 유사한 문제로 지지부진을 면치 못했다. 이는 어느 한 정부만의 문제는 아니다. 돌이켜보면 지난 30년 동안 우리나라는 외교적 대상으로서 러시아에 대한 인식이 항상 부족했다. 한때 대통령 직속 북방경제협력위원회 홈페이지에 게재되었던 12가지 추진 분야, 16가지 중점과제와 같은 백화점식 정책 진열 역시 이러한 현실을 방증한 셈이다.

한국과 러시아의 '전략적 동반자' 관계는 여전히 외교적 수사 차원에 머물고 있다는 비판을 받고 있다. 한양대학교 국제학대학원 엄구호 교수는 "한러관계가 정치적으로는 미러 관계에 동조화됨으로써 북핵 문제에 한정되는 측면이 강했으며, 경제적으로는 남북관계의 기조에 구속되어 오랫동안 논의된 의제를 집행하지 못했다"며 정체된 양국 관계를 진단한 바 있다.

그렇다. 그동안 한국 정부는 러시아와의 관계를 대체로 북한 문제 해결을 위한 차원에서 상황 적응적으로 관리해왔다. 미중 패권 경쟁, 정체된 남북관계, 지속되는 대러 제재로 동북아시아의 지정학적 긴장이 고조된 상태지만, 경제적 효과가 다소 부족하더라도 우리 정부가 러시아와 실질적인 협력을 도모한다면 관계의 내실도 다지고 지정학적 이익도 챙길 수 있을 것이다.

# 제2장. 권력의 정반합

러시아의 1990년대는 가히 대격변기라 부를 만하다. 소련이 해체되고 신생 국가인 러시아 연방Russian Federation이 탄생했다. 해체와 설립 과정을 주도한 보리스 옐친Boris Yeltsin 대통령은 공산당 독재와 사회주의 경제 체제 속에서 70년을 지낸 러시아에 민주주의와 자본주의를 최대한 빨리 주입시키려 했다.

한편 공산당 독재의 흔적을 지우려던 옐친은 권위적인 대통령의 모습을 추구하며 자가당착에 빠졌고, 과도기는 예상보다 큰 고통과 혼란을 초래했다. 게다가 소련 시절 공산당이 독점하던 국가의 권력은 국민에게 돌아가지 못하고 정경유착 세력인 올리가르히Oligarch에게 넘어갔다. 옐친은 과감한 개혁을 시도했지만, 그로 인한 부작용을 감당하지 못하고 결국 스스로 하야했다.

그 뒤를 이은 블라디미르 푸틴은 고령의 옐친과 달리 젊고 강단있는 지도자상을 제시하며 큰 인기를 끌었다. 그는 러시아 정재계를 주무르던 올리가르히의 정치적 영향력을 거세시키고, 오히려 이들을 자신의 든든한 재정적 지원자로 바꿔놓으며 권력을 장악해 나갔다.

이에 저항하던 일부 올리가르히는 러시아를 떠나야 했고, 이들이 소유하고 있던 에너지 기업은 국유화되었다. 그 빈자리는 푸틴과 코드가 맞는 군, 경찰, 정보기관 출신의 실로비키Siloviki들이 채워나갔다. 급등하기 시작한 유가는 푸틴에게 날개를 달아주었고, 든든한 통치 자금을 확보한 그는 국민이 그토록 원하던 질서를 회복시키며 내부로는 혼란을 잠재우고 외부로는 러시아의 부활을 알렸다.

2008년 드미트리 메드베데프가 대통령에 당선되었지만, 여론은 총리직을 맡은 푸틴을 실질적인 지도자로 인식했고, 그로 인해 대통령과 실세 총리가 공존하는 이중권력 구조가 형성되었다. 메드베데프는 현대화, 민주화, 개방을 시도하며 자신만의 색깔을 내보이려 했으나 요직에 있던 대다수는 기존 질서의 변화를 원하지 않았다.

2012년 푸틴은 다시 대통령에 복귀했지만, 경제 성장은 예전 같지 않은 데다 정치는 여전히 '그 나물에 그 밥'이다 보니 국민들 사이에서는 정부에 대한 불만이 커지고 있었다.

그리고 한 사건으로 러시아는 큰 전환점을 맞이한다. 푸틴 대통령이 러시아와 서방 사이에서 줄타기를 해오던 우크라이나의 내부 분열을 이용해 2014년 소치 동계올림픽이 끝나자마자 우크라이나의 요충지 크림반도를 합병한 것이다. 이에 국제 사회는 경악했고,

러시아는 전방위적인 경제 제재를 마주하게 되었다.

역설적으로 러시아 내부에서는 대통령과 정부에 대한 그간의 불만이 자취를 감췄고, 푸틴의 지지율도 역대급으로 치솟았다. 하지만 대러 제재에 연이어 미국에서 시작된 셰일가스 혁명으로 국제 석유·가스 가격이 급락하자, 러시아 경제는 위기를 피해갈 수 없었다.

그간 에너지 자원 가격의 고공행진으로 상쇄됐던 심각한 자원 의존성, 낙후된 인프라 등 여러 문제가 고개를 들었다. 지속되는 경제난에 국민들의 불만은 커져만 갔고, 정부는 강경한 대응으로 이들을 진압했다. 그런 와중에 정부와 여당은 또다시 헌법을 개정하면서 2024년 푸틴의 대선 출마를 위한 모든 준비까지 마쳤다.

제2장에서는 러시아가 지나온 국내 정치 상황을 주요 사건 위주로 짚어보고자 한다. 소련의 해체부터 푸틴이 대통령에 올라 권력을 지켜내며 연장전을 준비하기까지 기막히게 논리적으로 떨어지는 일련의 과정들을 생생하게 만나게 될 것이다.


## 소련의 붕괴 혹은 해체

1991년 12월 26일, 한때 15개 공화국으로 구성되었던 소비에트 사회주의 공화국 연방, 즉 소련이 공식 해체되었다. 1917년 10월 혁명 직후 험난한 내전에서 승리하며 탄생한 인류 최초의 사회주의 국가는 서둘러 산업화에 착수하며 존재감을 키웠고, 제2차 세계대전에서는 독일을 이긴 승전국으로서 20세기 전반에 걸쳐 미국과 함께 냉전이라 불리는 국제질서를 좌우해왔다.

소련은 세계 최대 영토와 그에 걸맞은 풍부한 천연자원, 3억 명에 육박하는 유럽 최대의 인구, 유일하게 미국에 견줄 만했던 세계 최고 수준의 군사력, 인류 최초로 인간을 우주에 보냈던 과학기술을 바탕으로 사회주의 진영을 이끌어왔다.

한편 사회주의 국가들의 특징처럼 되어 버린 독재 정치, 지속적 경제 성장의 한계, 폐쇄적인 사회 분위기로 인해 소련 내부에서는 다양한 문제들이 누적되고 있었다. 1980년대에 들어선 소련은 발전이 아닌 생존을 위해 변해야만 했다.


1985년 소련 공산당 서기장에 오른 미하일 고르바초프는 용감한 인물이었다. 그는 간신히 숨만 붙어 있던 소련의 성장 동력을 되살리기 위해 페레스트로이카Perestroika, 즉 국가를 재건축하기 위한 개혁을 시작했다.

고르바초프의 '재건축'은 국가 전 분야에 걸쳐 추진되었다. 먼저 시급한 경제 회복을 위해 국가가 독점해오던 기업과 공장에 일부 자율 경영을 허락해 생산성을 높이려 했다. 이어 언론, 출판 등 사회 전반에 가해졌던 검열, 통제, 정보의 독점을 완화하고, 사회 구성원 간의 소통과 비판을 활성화해 인민들을 개혁에 참여시키는 글라스노스티Glasnost' 정책을 내놓았다.

외교에서는 신사고New Thinking 정책을 통해 그간 무리하게 지속해온 미국과의 군비 경쟁 부담을 줄이고, 자본주의 국가들과 관계를 개선해 경제발전을 위한 기술과 자본 도입을 추진했다. 바로 이

신사고 정책이 당시 한국의 북방정책과 조화를 이루어 한소수교로 이어졌다.

또한, 소련은 이 시기 동유럽 내 사회주의 진영 국가들의 체제 변화를 묵인하기 시작했다. 그 결과 역내 국가들의 내정에 관여하기 위해 그 대가로 부담하던 비용을 덜 수 있었다. 사실 당시 소련은 남의 집 살림에 개입할 여력도 없었다.

내부적으로 고르바초프는 다당제와 선거제 도입을 통해 민주화를 시도했다. 그는 공산당의 주도적인 역할을 인정하면서도 그 기반은 공정한 경쟁을 통한 인민들의 선택이어야 한다고 강조했다. 그렇게 고르바초프는 변화를 고대하는 인민들의 열망을 등에 업고 개혁에 반대하는 세력을 견제했다.

코끼리의 코, 사자의 앞발, 호랑이의 턱, 코뿔소의 뿔 등 강점만 모아놓은 동물은 최강의 생물체일까? 구성요소 간의 조화와 합을 고려하지 않은 채 그럴싸한 것들만 모아놓으면 끔찍한 혼종이 되어 제각기 따로 놀다 제풀에 쓰러지기 십상이다. 이 시기 소련의 개혁 정책이 이와 같았다. 문제를 야기하는 사회주의의 핵심은 건드리지 않은 채 자본주의의 장점만 갖다 붙이려 했던 것이다.

소련 정부는 기업들에게 경영의 자율성을 부여했지만, 그보다 중요한 가격 결정의 자유는 주지 않았다. 기업들은 물건을 더 많이 생산해도 정부가 정한 가격으로 판매해야 했다. 뭔가 바뀐 것 같은 느낌만 들었을 뿐, 결과적으로는 변함이 없었다.

정부의 검열 완화 수준도 국민들의 기대에 미치지 못했다. 또한 동유럽에 대한 소련의 통제력이 줄어들자 사회주의 진영은 해체 조짐을 보였고, 패권 국가로서 소련의 위상도 흔들리기 시작했다.

과감한 개혁이 수많은 부작용을 불러오자, 정계의 갈등도 커졌다. 공산당 내 보수파는 "고르바초프의 개혁이 소련을 해체시킬 것"이라며 비난했고, 개혁파는 더 빠른 변화를 요구했다. 한편 고르바초프는 소련 공산당 서기장 지위를 유지한 채 소련 초대 대통령에 취임하면서 당과 행정부를 아우르는 개혁을 이어가려 했다. 물론 이 역시 문제의 핵심을 관통하는 해결책은 아니었다.

결국 1991년 8월, 보수파는 고르바초프가 휴가로 자리를 비운 틈을 타 쿠데타를 일으키고 탱크를 동원해 모스크바 점령을 시도했다. 개혁파와 시민들은 소련 내 최대 공화국인 러시아 공화국 의회(현 러시아 하원) 건물에 모여 보수파에 대항했다.

당시 개혁파를 이끌었던 보리스 옐친 러시아 공화국 대통령은 직접 탱크 위에 올라 인민들의 지지를 촉구했고, 변화를 향한 열망이 모스크바를 뒤덮으면서 보수파의 쿠데타는 3일 만에 막을 내렸다. 일명 '8월의 쿠데타'로 소련 공산당은 와해되었고 고르바초프는 실권을 잃었다. 그리고 옐친은 새시대의 기수로 급부상했다..

1991년 9월, 소련의 15개 구성 국가 중 에스토니아, 리투아니아, 라트비아가 마침내 소련 탈퇴를 선언했다. 당시 소련에는 이를 막을 만한 구심점이 없었고, 탈퇴 분위기는 점차 다른 구성국들로 급속히 퍼져나갔다. 그렇게 1991년 12월 26일 소비에트 사회주의 공화국 연방은 공식 해체되었다.

# 사회주의에서 자본주의로

신생 국가인 러시아 연방은 해체된 소련을 법적으로 계승했다. 1991년 7월에 러시아 공화국의 대통령으로 선출된 옐친은 별도의 선거 없이 러시아 연방 대통령이 되었다.

옐친 정부는 급진적인 변화를 추진했다. 개인의 사유재산을 허용하고, 국영 기업을 민영화해 기업 경쟁력을 높이려 했다. 또 수요-공급의 원칙에 따라 상품과 서비스의 가격이 결정되는 가격 자유화를 실시했다.

자본주의에 익숙한 우리에게는 당연한 이야기지만 국가가 계획하고 통제하는 사회주의 경제에서 평생 국가가 제공하는 의식주를 누려왔던 러시아 국민들에게는 아주 낯선 상황이었다. 물론 일부는 이러한 변화에 기민하게 대응했다. 하지만 신생 러시아의 국민 대다수는 정부가 새로운 조치를 내놓을 때마다 무엇을 해야 할지 몰랐다.

모든 국가적 변화에는 크고 작은 부작용이 따른다. 이때 완충제 역할을 하는 것은 정책에 대한 충분한 고려, 정치적 안정성, 튼튼한 경제 기초와 사회적 합의이다. 하지만 러시아는 아무것도 갖추지 못한 채 개혁의 부작용을 온몸으로 견뎌야 했다. 물가는 급등했고 화폐는 하루아침에 휴지 조각으로 변했다. 실업자와 절대 빈곤층은 늘어만 갔고 치안마저 불안해졌다.

그러는 동안 옐친 행정부와 의회는 권력 다툼을 벌이며 새 헌법을 제정하지 못했고, 러시아는 소련이 해체된 지 1년이 지나도록 옛 헌법을 사용하고 있었다. 소련 해체 이전에 선출되어 소련 공산 당 관료 출신이 상당수 포진해 있던 의회는 대통령의 경제개혁 법 안에 줄줄이 퇴짜를 놓았고, 옐친은 아랑곳하지 않고 대통령령을 통해 급진적인 변화를 밀어붙였다.

1993년 3월 의회는 사법부와 힘을 합쳐 옐친 대통령이 요구한 '경제개혁 조치 권한'을 제한했다. 갈등은 점점 커졌고, 옐친은 당 시 대통령 권한에도 없던 '의회 해산 명령'으로 맞섰다. 이에 의회 는 옐친 대통령의 탄핵을 결정했고, 개혁을 반대하던 세력들은 의 회 건물을 점거하며 항의를 이어갔다.

같은 해 10월, 러시아 의회 건물에 군인들과 탱크가 2년 만에 다 시 등장했다. 다만 이번에는 옐친이 공격수였다. 열흘 넘는 대치 끝 에 옐친은 탱크로 의회 건물을 폭격해 의회를 해산하고 견제 세력 을 밀어내는 데 성공했다.

옐친은 개혁에 거침없었다. 1993년 12월 대통령에게 막강한 인 사권과 입법권을 부여한 러시아의 새로운 헌법이 제정되었다. 그 리고 이는 오늘날 우리가 알고 있는 러시아식 초대통령제Super-presidentialism의 제도적 기반이 되었다.

옐친의 권력이 강화되고 개혁이 지속됐음에도 불구하고, 나라의 상황은 나아질 기미가 보이지 않았다. 거대한 영토와 인구, 보조금 만 바라보는 기업과 낮은 생산성, 사회 혼란과 정치적 불안정이 혼 재된 상황에서 급진적 개혁은 힘을 발휘하지 못했다.

옐친 정부가 국민의 기대에 부응하지 못하자 민심에도 큰 변화가 생겼다. 소련 공산당을 계승하며 자본주의 조치에 반대하던 러시아 공산당이 1995년 하원 선거에서 원내 제1당이 된 것이다. 옐친의 대통령 재선 계획에 빨간불이 켜졌다.

## 러시아판 정경유착 '올리가르히'

한국 소비자들이 알고 있는 러시아 회사는 몇 개나 될까? 아마 몇 없을 것이다. 삼성전자, LG전자, 현대자동차처럼 브랜드 마케팅을 앞세운 소비재 산업이 발전한 한국과 달리, 러시아는 원자재 산업에 강점을 가지기 때문이다.

하지만 포브스Forbes에서 발표하는 세계 부호 명단에는 한국인보다 러시아인이 압도적으로 많다. 2021년 기준 포브스의 세계 100대 부호 순위에도 한국인은 없었지만 러시아인은 7명이나 이름을 올렸다. 이들을 올리가르히라 부른다.

그리스어에서 유래한 올리가르히는 한국어로 번역하면 '과두 재벌'이다. 다시 말해, 국가 경제의 상당 부분을 차지해 정치, 언론 등 사회 전반에 큰 영향력을 행사하는 소수 집단 정도로 표현할 수 있다.

권력이 공백을 허용하지 않듯이, 돈도 정체를 허용하지 않는다. 특히 사회가 혼란할수록 돈이 움직이는 속도는 빨라지기 마련이다. 러시아의 올리가르히는 소련 해체 직후 스스로 규칙을 만들며 막대한 부를 쌓은 사람들이다. 좋게 말하면 빠른 변화 속에서 남들보다 앞서 시스템의 허점을 활용해 부를 축적한 사람들이고, 나쁘게 말하면 혼란 속에서 부정한 방법으로 크게 한밑천 해먹은 사람들이다.

러시아 정경유착의 대표적 사례인 올리가르히는 소련의 해체를 전후로 국가의 이익구조가 변화하던 시기, 즉 국영기업을 민영화하는 과정에서 대거 등장했다. 이들은 소련 말부터 알짜배기 기업들을 점찍어 놓았고 민영화가 시작되자마자 그 지분을 경쟁적으로 사들였다.

이 시기 올리가르히가 득세했던 배경에는 집권 세력과의 이해관계가 있었다. 소련 해체 이후 불안정한 상황이 지속될수록 옐친에 반대하는 세력은 러시아 공산당 깃발 아래 모여들었다. 이에 체제 이행을 신속히 마무리하려던 옐친 정부는 서둘러 민영화를 추진했고, 이러한 과도기의 맹점을 이용해 자산을 불린 올리가르히에게도 옐친의 재집권이 절실했다.

그러나 1996년 대선에서 재집권을 꿈꾸던 옐친의 지지율은 한 자릿수까지 내려앉았다. 큰 기대를 품고 민주주의와 자본주의를 도입했지만, 경제난과 사회 혼란은 가중될 뿐이었다.

위기감을 느낀 옐친은 재선을 위해 올리가르히에게 더 많은 특혜를 약속했다. 올리가르히 역시 공산당의 부활을 막기 위해 언론과 자금을 총동원해 옐친의 재집권을 이끌어내는 데 크게 일조했다. 이후 올리가르히는 보다 노골적으로 정계에 관여했다. 이들은 정경유착에서 한발 더 나아간 '정경일체'를 실천하며, 자신들의 입맛대로 다양한 사업권을 손에 넣었다.

# 굿바이, 옐친

1996년 옐친은 재선에 성공했다. 하지만 그 과정은 순탄치 않았다. 옐친과 공산당 후보의 득표율은 35%와 32%로 박빙이었다. 과반 득표자가 없을 경우 결선 투표를 진행하는 선거법에 따라, 두 후보는 2차 선거를 치러야 했다. 이때 옐친은 3위 후보와 단일화에 합의해 2차 투표에서 53%로 힘겹게 재선에 성공했다.

첫 임기 동안 뒷말도 많고 수많은 위기에 직면했던 옐친이 재선에 성공한 비결은 무엇이었을까? 우선 대선 후보 가운데 옐친만큼 인지도 있는 정치인이 없었다. 여기에 자본과 언론을 장악해 여론을 움직인 올리가르히의 막대한 지원도 한몫했다. 그리고 무엇보다 다시 공산당에게 정권을 맡겨 과거로 돌아가기보다는 조금 더 참아보자는 국민적 공감대가 크게 작용했다.

하지만 옐친 2기에도 상황은 나아지지 않았다. 옐친은 재선에 결정적으로 기여한 올리가르히에게 더 많은 혜택을 제공해야 했다. 그중 대표격인 보리스 베레좁스키Boris Berezovskii는 한국의 국가안보실 차장에 해당하는 연방안보회의 부서기가 되었고, 블라디미르 포타닌Vladimir Potanin은 제1부총리 자리에 올랐다. 그렇게 온갖 특혜를 등에 업은 올리가르히의 경제 독과점은 심해졌고, 러시아 자본주의는 꽃도 피우지 못한 채 고꾸라지고 있었다.

위기는 외부에서도 몰려왔다. 1997년 동남아시아에서 시작된 외환위기는 한국을 거쳐 마침내 1998년 러시아를 덮쳤고, 크렘린은 대외채무의 상환을 연기하는 모라토리엄을 선언했다.

그간 올리가르히는 막대한 부를 쌓았지만 정작 러시아 정부는 경제난으로 세금이 걷히지 않아 적자에 허덕였고, 채권을 발행해 빚으로 연명해오다가 결국 일이 터진 것이다. 제아무리 석유와 가스를 많이 수출한다고 해도 국제 에너지 가격이 10년 넘게 오르지 않고 오히려 떨어지니 당해낼 재간이 없었다.

러시아는 소련이 해체된 지 채 10년도 되지 않아 모라토리엄 선언으로 또다시 자존심을 구겼다. 내부에서는 정경유착에 대한 비판이 거세지는 가운데, 옐친과 올리가르히는 만약의 상황에 대비해 자신들을 대신할, 통제 가능한 얼굴마담들을 늘려갔다. 바로 이 시기를 전후로 실로비키Siloviki, 즉 군과 정보기관 출신들이 중앙정치에 대거 진출하게 되었다. 권력의 무게추가 움직일 수 있는 조건이 저 깊은 곳에서 만들어진 것이다.

이 와중에 1999년 8월, 제2차 체첸 전쟁이 발발했다. 러시아의 광역 지자체 중 하나인 체첸 공화국에서 독립파와 친러 세력 간의 갈등이 또다시 무력 충돌로 이어지고 말았다. 소련 해체 이후 옐친을 끈질기게 괴롭혀온 바로 그 체첸과 평화협정을 체결한 지 불과 3년 만이었다.

옐친은 정보기관인 연방보안국FSB 국장을 신임 총리에 임명했다. 능력은 검증되었지만 중앙정치 경험이 적은 데다 자기 권력을 추구하지 않고, 차기 대권과 관련이 없어 이권 세력들이 반대하지 않을 뉴페이스로, 파격적이지만 여러 요소가 다각적으로 고려된 인사였다. 올리가르히는 중앙 정계 경험이 3년 남짓에 불과한 신출

내기 총리를 별다르게 여기지 않았다. 한편 신임 총리는 포탄이 떨어지는 전장으로 직접 날아가 병사들을 격려했고, 과감한 진압 작전을 지시하면서 보통내기가 아님을 보여주었다.

경제 위기와 내전으로 별다른 성과를 거두지 못한 옐친 2기도 어느덧 후반기에 접어들었다. 옐친은 고민에 빠졌다. 퇴임 후 자신과 측근들의 안위, 절대적인 힘을 쥐게 된 올리가르히와 이들을 밀어내려는 실로비키 간의 역학 구조 등을 고려하지 않을 수 없었기 때문이다.

1999년 12월 31일 전 세계가 뉴 밀레니엄을 앞두고 설레는 마음과 Y2K에 대한 막연한 두려움에 휩싸여 있던 그 날. 옐친은 신년 연설을 통해 약간의 자기반성과 지난 10년을 회고한 후 "저는 떠납니다"라는 말을 남긴 채 대통령직에서 하야했다. 아직 신임 티도 벗지 않은 총리를 대통령 직무대행에 임명하면서 말이다. 그가 바로 블라디미르 푸틴이었다.


## 헬로우, 푸틴

여러 의미로 역사상 가장 유명한 러시아인 중 한 사람이 되어 버린 블라디미르 푸틴. 그는 1952년 모두가 평등한 사회를 지향하는, 공식적으로는 금수저도 흙수저도 없는 소련의 레닌그라드(상트페테르부르크)에서 태어났다.

1970년 레닌그라드 국립대학교(상트페테르부르크 국립대학교) 법학부에 입학한 푸틴은 졸업 후 소련 정보기관 KGB에 배치되어 근무를 시작했다. 방첩 업무를 담당했던 그는 해외정보수집 교육을 받고 난 뒤 1985년부터 1990년까지 동독 드레스덴에서 활동했다.

물론 그가 일만 한 것은 아니었다. 1980년 스튜어디스를 만나 3년 열애 끝에 결혼했고, 독일 파견 직전에 첫째 딸을, 이듬해 드레스덴에서 둘째 딸을 보았다. 그리고 동독의 해체와 독일 통일의 과정도 현장에서 지켜보았다.

어느덧 30대 후반이 된 푸틴은 1990년 소련으로 귀국해 모교 총장의 보좌관이 되었다. 그리고 총장의 추천으로 아나톨리 솝차크Anatolii Sobchak 당시 레닌그라드 시장의 업무 자문을 맡으면서 정계에 첫발을 들였다.

"수제비 잘 뜨는 놈이 칼국수도 잘 썬다"는 모 교수님의 표현처럼 KGB를 떠난 푸틴은 시청에서도 두각을 나타냈다. 1991년 해외투자 유치 담당에서 시작해 3년 만인 1994년에는 제1부시장에 임명되었다.

1996년에는 솝차크 시장이 재선에 실패하며 푸틴도 '끈 떨어진 연' 신세가 될 뻔했지만, 상한가를 치는 자유계약선수FA처럼 스카웃 제의가 이어졌고, 결국 크렘린에 입성했다. 그는 업무능력이 뛰어나고 정치인들과도 적당한 거리를 유지해 뉴페이스를 찾던 옐친과 올리가르히 눈에 들었다.

푸틴은 크렘린 입성 3년 만에 총리 임명, 그리고 넉 달도 지나지 않은 1999년 12월 31일 옐친의 하야와 동시에 대통령 직무대행을 맡게 되었다. 그 기세에 힘입어 그는 이듬해 3월 대선에서 승리해

21세기를 여는 러시아 대통령이 되었다.

　푸틴이 올리가르히와 옐친의 후광만으로 대통령이 된 것은 결코 아니다. 올리가르히도, 옐친 패밀리도, 노련한 정치인도 아니었던 그가 러시아 국민들에게 이름을 알린 계기는 앞서 언급한 제2차 체첸 전쟁 덕분이었다.

　1994년 12월 혼란한 국내 정세를 틈타 체첸 공화국 내 분리 세력이 독립을 요구하며 1차 체첸 전쟁이 발발했고, 러시아가 대응에 실패하면서 1996년 8월까지 장기전이 됐다. 그렇게 옐친 정부가 곤욕을 치른 지 3년이 채 지나지 않은 1999년 또다시 2차 체첸 전쟁이 터졌다.

　이러한 상황에서 총리가 된 푸틴은 헬리콥터를 타고 전장으로 날아가 "테러리스트와의 타협은 없다"는 확고한 원칙을 제시하며 현장을 지휘했고, 이를 계기로 차기 대통령 적합도 조사에서 50%에 육박하는 지지를 받는 대세 정치인으로 떠올랐다. 게다가 젊고 남자다운 그의 마초적인 이미지는 다른 정치인들과 대조되며 호감을 자아냈다.

　소련의 독재 정치에 대한 반감과 사회주의의 한계가 옐친과 올리가르히의 기반이 되었다면, 이들이 초래한 혼란과 불안정은 푸틴과 실로비키가 딛고 일어서는 주춧돌이 되었다.

# 실로비키 전성시대

푸틴이 대통령에 취임한 2000년, 러시아의 권력과 돈은 올리가르히와 옐친 패밀리가 통제했다. 하지만 다음 대선이 치러진 2004년 무렵 이들 중 자리를 보전한 사람은 일부에 지나지 않았다. 빈자리를 메운 것은 다름 아닌 실로비키였다.

실로비키는 러시아어로 힘을 뜻하는 명사 'сила[sila]'와 사람을 지칭하는 접미사 'вики[viki]'의 합성어다. 이는 군과 정보기관을 비롯해 검찰, 경찰, 국세청과 같은 사정기관 출신의 관료 또는 사업가를 가리키는 용어로 쓰인다. 영어로는 'Forcemen' 정도로 번역된다.

국정 운영도 기업 운영과 마찬가지로 최고 책임자 혼자서 할 수 없다. 푸틴은 자신과 코드가 맞는 실로비키를 요직에 대거 기용했다. 그리고 올리가르히를 권력에서 밀어내는 작업을 시작했다. 한편 푸틴을 대통령으로 만든 올리가르히는 자신들의 의도와 달리 뭔가 잘못 돌아가고 있다는 낌새를 차렸지만, 대부분 새로운 현실에 적응할 수밖에 없었다.

한편, 정부에 맞선 일부 올리가르히는 강도 높은 세무조사 등 여러 압박을 받았고, 이들의 최후 선택지는 감옥 혹은 해외 도피였다. 그 과정에서 올리가르히들이 막대한 자금을 조달하고 여론을 움직이던 수단인 에너지 기업과 언론사들이 국유화되었다. 그리고 그 국영기업들의 사장에 실로비키들이 임명되었다.

그렇게 역사의 뒤안길로 물러난 올리가르히로는 앞서 언급된 보리스 베레좁스키, 블라디미르 구신스키Vladimir Gusinskii, 미하일 호도르콥스키Mikhail Khodorkovskii가 있다. 1990년대 러시아 미디어계의 거물 구신스키는 푸틴 대통령 취임식 직후 횡령 혐의로 구속되었다. 3일 뒤 갑자기 석방된 그는 자신이 소유하던 언론사를 국영기업에 매각하고 곧바로 스페인으로 떠나 러시아로 돌아오지 않았다.

베레좁스키는 석유, 언론, 정계를 장악한 1990년대 러시아의 실질적인 최고 권력자였다. 하지만 예전에 종결된 국유자산 횡령 사건에 대한 재수사가 시작되자 영국으로 넘어가 푸틴과 그 측근들에 대한 공개비판을 지속했다. 그리고 2013년 자택에서 숨진 채 발견되었다.

2003년에는 당시 러시아 자산순위 1위 석유왕 호도르콥스키 역시 횡령과 탈세 혐의로 구속되었다. 그는 8년 형을 선고받고 혹한의 시베리아에서 복역했지만, 만기 출소를 앞두고 죄목이 추가되어 2014년 8월까지 형량이 늘어나기도 했다.

평화와 인류애를 기원하는 지구인의 축제 올림픽이 러시아 소치에서 열리기 두 달 전, 푸틴 대통령은 출소까지 8개월 남은 호도르콥스키에게 특별 사면이라는 호의(?)를 베풀었다. 자유의 몸이 된 호도르콥스키는 곧바로 독일로 떠났고 지금은 영국, 스위스 등 외국에서 지내고 있다.

현재까지 러시아에서 살아남은 올리가르히는 여전히 막대한 자산을 보유하고 있다. 하지만 정치 개입을 철저히 자제하며 정부 정책에 필요한 재정을 지원하고 있다.

# 모든 권력은 중앙으로

1990년대 러시아를 이끈 옐친 정부의 정책 방향이 '신속한 민주화와 시장화를 통한 소련 흔적 지우기'였다면, 푸틴 정부는 '중앙 집권화와 권력 수직화를 통한 사회 안정과 강한 러시아의 재건'을 추구했다.

푸틴은 2000년 첫 대통령 선거에서 53%의 득표율로 공산당 후보를 여유롭게 제쳤다. 대통령 취임 이후에는 올리가르히와 옐친 패밀리를 신속하게 정리하면서 중앙 권력의 구조를 정비했고 국유화한 에너지 기업들과 언론사들은 실로비키를 통해 관리하기 시작했다.

푸틴은 옐친 시기에 지방으로 분산된 권한들을 모아 중앙 정부의 기능을 강화하려 했다. 임기 중 하원의 견제로 골머리를 앓던 옐친은 상원을 자기편으로 만들기 위해 광역지방자치단체에 많은 권한을 부여한 바 있다. 당시 러시아는 광역 지자체의 행정부 수반과 의회 의장이 연방 상원의원을 당연직으로 겸임했기 때문이다. 우리나라로 치면 도지사와 도의회 의장이 국회 상원의원을 겸하는 격이었다. 이렇다 보니 지방권력의 호족 놀이는 심해졌고, 중앙 정부의 말발이 먹히지 않았다.

푸틴 정부는 광역 지자체 행정수반과 의회 의장들이 연방 상원의원을 겸직하지 못하도록 제한했다. 또한 당시 90여 개의 광역 지자체들을 7개의 연방관구로 묶고, 각 연방관구마다 중앙에서 파견한 대통령 전권대표를 세워 지자체장들을 철저히 관리하도록 했다.

또한, 이 시기 푸틴 대통령은 입법부를 행정부에 종속시켰다. 소련 해체 이후 러시아에는 100개가 넘는 군소 정당들이 난립했고, 2000년에는 원내 정당만 10개가 넘었다.

크렘린은 정당 설립 조건을 강화해 사조직 수준의 군소 정당들을 정리하고, 원내 진출 기준도 상향 조정했다. 이때 하원 제1당인 공산당을 견제하기 위해 친여권 정당들을 연합하여 통합러시아당 United Russia을 창당했다. 참고로 통합러시아당은 2001년 창당 이후 지금까지 여당이자 원내 과반수를 유지하며 러시아의 선출직 대다수를 차지하고 있다.

이처럼 푸틴은 집권 초기에 대통령 중심의 국정 체제를 구축했다. 자신의 대리인들을 전국 곳곳에 배치하고 주지사도 선거가 아

러시아의 광역지자체(2024년 기준 89개) (출처: wiki)

니라 직접 임명하며 모스크바에 앉아서 지방 구석구석을 훤히 들여다보았다. 그리고 국회를 장악해 필요한 법을 원스톱으로 만들 수 있는 구조를 갖추었다. 긍정적으로 보면 외부의 변화에 따른 유연한 입법이 가능한 측면도 있지만, 특정 세력의 입맛대로 법을 만들어 법치Rule of law가 아닌 법에 의한 통치Rule by law가 만연할 부작용도 잠재해 있었다.

## 잠에서 깨어난 불곰

푸틴 대통령의 첫 번째 임기가 끝나가던 2003년 12월 하원 선거가 치러졌다. 이는 지난 4년간 푸틴과 실로비키, 그리고 여당에 대한 국민의 평가를 가늠해볼 수 있는 첫 번째 무대이자 다가오는 대선의 모의고사이기도 했다. 선거 결과 통합러시아당은 압승을 거두고 무소속 의원들까지 흡수하면서 전체 의석수의 3분의 2가 넘는 306석을 확보했다.

2004년 3월 대선에서도 푸틴은 71%의 득표율을 얻었다. 옐친과 올리가르히를 등에 업고 치른 2000년 첫 선거와는 달리, 그는 임기 중의 성과를 인정받아 득표율이 18%나 올랐다. 권력 장악과 경제 성장, 그리고 민심까지 확보한 그는 거칠 것이 없었다. 마침 이 시기 분리독립 세력들이 아파트, 지하철, 극장, 학교 등에서 테러를 자행했고, 정부는 테러 예방을 위해 정보기관, 군, 경찰의 권한을 더욱 확대하여 사회 감시도 강화되었다.

게다가 2000년대에 접어들어 급등한 국제 유가는 러시아 경제의 잭팟이 되어 푸틴의 등에 날개를 달아주었다. 인도, 중국 등 신흥국의 성장으로 에너지 수요는 증가하는데, 산유국들의 감산 합의와 9·11 테러 이후 중동의 정세 불안으로 생산량이 이를 따라가지 못했다.

1999년 배럴당 17달러였던 유가는 2000년 28달러, 2005년 50달러, 2008년에는 94달러까지 치솟았다. 푸틴 1~2기 총 8년 동안 러시아 경제는 매년 평균 7% 내외의 성장을 거듭했다. '곳간에서 인심난다'는 말처럼 경제가 살아나자 사회는 점차 안정되고 푸틴의 2기 국정 수행 지지율 역시 85%를 넘나들며 상한가를 달렸다.

푸틴의 자신감은 점차 러시아를 넘어 주변 지역으로 투사되기 시작했다. 그리고 그 수단은 바로 자신의 박사학위 논문 주제이자, 러시아가 최대 강점을 발휘할 수 있는 천연자원이었다. 이처럼 러시아는 천연자원을 외화벌이뿐 아니라 외교적 수단으로 적극 활용했다.

러시아는 소련 시절부터 사회주의 진영에 시세보다 저렴하게 가스를 공급했다. 소련 해체 이후에도 가격 할인은 계속되었다. 특히 유럽행 러시아 가스관이 지나는 우크라이나와 같은 국가는 더 큰 할인 혜택을 누렸다.

한편 2005년 오렌지 혁명Orange Revolution으로 탄생한 우크라이나의 새 정부가 친서방 노선을 걷자, 러시아는 가스 값 인상을 예고했다. 기대한 답을 얻지 못한 러시아는 2006년 새해 첫날부터 우크라이나로 향하는 가스관 밸브를 잠가버렸고, 이와 같은 일은 2009

년과 2014년에도 반복되었다.

러시아가 가스 밸브를 닫을 때마다 EU도 피해를 입었다. EU 국가들은 가스 수요의 30~40%를 러시아에서 수입하는데, 2006년까지 그 대부분이 우크라이나를 경유했다. 이는 EU의 대러 정책이 미국의 것과 비슷하면서도 다를 수밖에 없는 이유 중 하나다.

2006년에는 러시아가 세계 주요 국가들의 모임인 G8의 의장국이 되었다. 그리고 푸틴은 이 행사를 고향인 상트페테르부르크에서 개최하면서 금의환향했다. 2007년 그는 직접 발로 뛰며 소치 동계올림픽을 유치했고, 타임지Time가 뽑은 '올해의 인물'에도 선정되었다.

타임지는 푸틴 대통령이 "자유를 억압하고 안정을 확립해 러시아를 혼란에서 끌어낸 뒤 국제사회의 주요 행위자로 복귀시켰다"고 평가했다. 어쨌든 푸틴이 러시아라는 거대한 불곰을 긴 겨울잠에서 깨운 것은 분명했다.


## 선수 교대

2000년부터 2008년까지 두 번의 임기를 지내면서 푸틴은 러시아의 정치·사회적 안정과 경제 성장, 그리고 국제사회에서의 위상회복을 이뤄냈다. 그런데 한 번의 연임만 가능한 러시아 헌법이 그를 고민에 빠뜨렸다. 개헌을 통해 자리를 보전하느냐, 아니면 박수칠 때 떠나느냐에 세간의 관심이 집중되었다. 이때 총리를 맡는다는 제3의 방안도 제시되었다.

여당인 통합러시아당은 선거법 개정 후 2007년 12월 처음으로 전체 의석을 비례대표로만 선출한 하원 선거에서 푸틴 대통령을 비례대표 1번으로 내세웠고, 450석 중 315석을 확보했다. 국회의원 취임은 반려했지만 푸틴은 또 한번 자신의 영향력을 입증했고 같은 달에 열린 범여권 당정 수뇌 회동에서 드미트리 메드베데프 제1부총리를 후계자로 지목했다.

이틀 뒤 메드베데프는 한술 더 떠 자신이 대통령이 되면 푸틴을 총리에 임명하겠다고 밝혔고, 푸틴은 곧 진행된 통합러시아당 전당대회에서 이 제안을 수락하며 메드베데프를 여당의 공식 대선 후보로 지명했다. 대선까지 몇 달이나 남았지만 차기 대통령과 총리가 정해진 듯했고, 반전은 없었다. 2008년 3월 메드베데프는 70%의 높은 지지율로 당선되었다.

이제 푸틴은 더 이상 대통령이 아니었다. 하지만 정부의 총리이자 거대 여당의 대표를 겸하며 행정부와 입법부를 모두 장악한 그의 영향력은 여전했다. 러시아가 내각제 국가도 아닌데 당시 이명박, 버락 오바마Barack Obama, 후진타오Hu Jintao 등 러시아를 방문한 각국 정상들은 총리와의 면담을 빼놓지 않았다.

이처럼 러시아에는 메드베데프 대통령과 푸틴 총리의 이중권력 구조가 형성되었다. 메드베데프 대통령은 주로 해외를 순방하며 러시아의 이익을 대표했고, 푸틴은 러시아를 방문하는 귀빈을 맞으며 다양한 실무 협의를 진행했다. 물론 총리로서 부처의 장관과 기관장도 관리했고, 전국 방방곡곡을 다니며 민생 행보에도 열심이었다.

메드메데프가 후계자로 선택된 데는 옐친 시기 푸틴이 낙점된 것처럼 다양한 요인이 고려되었다. 물밑 암투를 벌이던 쟁쟁한 후보들 가운데 섣불리 한 명을 골라 2인자들 간의 질서를 깨뜨리는 것보다, 꿀릴 것 없는 제3의 인물을 앞세워 세력 균형을 잡는 것이 안정적인 국정 운영에 유리할 터였다.

푸틴 주위에는 자신과 비슷한 코드의 실로비키가 많았지만, 최종 선택을 받은 메드베데프는 비교적 친서방적인 기술관료 출신이었다. 게다가 정치적 야심을 노골적으로 드러내지 않는 성향이었기에 실권을 놓을 생각이 없던 푸틴의 입장에서도 부담 없는 선택이었다.

교육자 집안에서 태어난 드미트리 메드베데프는 착실한 우등생이었다. 10살 차이가 나지만 푸틴과는 레닌그라드 국립대 법학부 동문으로 1990년대 초 상트페테르부르크 시청에서 함께 근무한 바 있다. 그러다 1999년 11월 신참내기 총리였던 푸틴의 콜을 받고 메드베데프는 중앙 정계에 입문했다. 이후 그는 가즈프롬 이사장, 대통령 행정실장, 제1부총리 등 요직을 거쳐 대통령까지 된 것이다.

두 사람은 동향 출신에 대학교와 직장 선후배 사이에다 심지어 대통령과 총리 자리까지 주고받은 사이지만, 결정적으로 구별되는 점이 있다. 메드베데프는 국가의 역할 확대에 반대하며 자유주의적인 성향을 보였다. 게다가 소련 출신의 러시아 대통령이 저항의 상징인 록 음악을 좋아한다니, 푸틴에게서는 찾아볼 수 없는 새로운 모습이었다.

# 홀로서기

메드베데프가 대통령에 취임한 지 3달째 되던 2008년 8월 조지아
Georgia에서 내전이 발발했다. 조지아로부터 분리 독립하려는 남오
세티야South Ossetia와 이를 막으려는 조지아 정부 간의 갈등이 무
력 충돌로 이어진 것이다. 이때 러시아가 남오세티야에 거주하는
자국민 보호를 명분으로 군사 개입해 내전은 국가 간 전쟁으로 번
졌다.

당시 올림픽이 한창인 베이징을 방문 중이던 푸틴 총리는 전화
로, 또 귀국 후에는 전장과 모스크바를 오가며 일선에서 전시 상황
을 지휘했다. 반면 메드베데프 대통령은 푸틴의 조치를 승인만 하
는 모습이었는데, 이는 향후 4년간 펼쳐질 두 사람의 관계를 단편
적으로 보여주었다.

다음 달인 2008년 9월 미국의 거대 투자은행 리먼 브라더스
Lehman Brothers Holdings, Inc.가 파산을 맞으며 글로벌 금융 위기가
수면 위로 떠올랐다. 미국에서 수년간 계속된 주택담보대출 남발
에 따른 주택가격 폭등과 이에 기반한 파생 상품들의 폭탄 돌리기
가 결국 터진 것이다. 그 여파로 전 세계의 소비와 생산이 크게 위
축되었고, 자연히 원자재 가격이 폭락하며 러시아 경제는 큰 타격
을 입었다.

2009년 러시아는 채무이행 유예를 선언했던 1998년 이후 11년 만에 마이너스 성장을 기록했다. 당시 온 세계가 어려웠지만, 러시아의 경우 경제성장률이 -7.8%까지 크게 내려앉았다. 부가가치 창출, 지속 가능한 산업구조, 민간 경제 육성을 외면한 채 천연자원에만 의존하며 성장한 러시아 경제의 허약함이 신랄하게 드러나고 말았다.

한편 2009년 9월 메드베데프 대통령이 언론에 기고한 "전진, 러시아!"라는 제목의 글이 화제를 모았다. 그는 러시아의 성장을 저해하는 만성적인 문제로 자원 의존형 경제, 정경유착, 빈약한 민주주의, 국가에 대한 의존성과 자율성 결여, 경직된 사회 분위기를 꼽았다. 그리고 이를 극복하기 위한 방안으로 IT와 원자력을 비롯한 전략산업 육성, 부패 척결, 민주주의 발전 등을 제시했다.

이렇게 메드베데프는 푸틴과는 다른 자신만의 색깔을 조금씩 드러내기 시작했다. 그는 옥살이 중이던 올리가르히 출신 호도르콥스키의 형기 연장에 반대하는 등 법에 의한 독재를 경계하고, 비자금 형성에 유리한 국가 발주 사업들을 공개 입찰로 전환했다.

무엇보다 실로비키들과 일정한 거리를 두며 일부는 잠시나마 권력에서 밀어냈다. 정경 분리를 위해 고위 공무원들의 국영기업 임원 겸직을 금지시켰고, 2004년 푸틴 집권기에 폐지된 주지사 등 지자체 행정수반의 직선제 선출을 부활시켰다.

하지만 딱 거기까지였다. 행정부, 사법부, 입법부, 국영기업의 요직을 차지하던 사람들은 푸틴 시절 구축된 질서를 바꾸려는 움직임에 꿈쩍하지 않았다. 메드베데프의 의지는 반대에 부딪혔고, 현장에서 뒷심을 잃어 흐지부지되어 버렸다.

반면 푸틴은 총리 자리에서 흔들림 없이 러시아의 주요 정책을 밀고 나갔다. 또 그는 화재 현장에 나타나 직접 불을 끄거나, 임금 체불한 악덕 사장을 질책해 직원의 월급을 받아주는 등 민생 해결사 역할을 자처하기도 했다. 그리고 결정적으로는 대통령 임기를 4년에서 6년으로 늘려놓았다.

## 데자뷰

2011년 9월 말, 통합러시아당 전당대회에 참석한 사람들은 4년 전과 놀라울 만큼 똑같은 푸틴과 메드베데프의 선수 교대를 목격했다. 여당 대표인 푸틴이 두 달 남은 하원 선거에 메드베데프 대통령을 비례대표 1번으로 공천한 것이다.

뒤이어 마이크를 넘겨받은 메드베데프 대통령은 여당의 차기 대선 후보로 모두가 기다리던 그 이름 "푸틴"을 호명했다. 현장에는 환호성과 기립박수가 1분 가까이 이어졌고, 푸틴은 이에 화답하듯 메드베데프를 차기 정부 총리로 지명했다.

하지만 행사장 밖의 상황은 약간 달랐다. 많은 이들이 "또?!"라고 외쳤다. 특히, 인터넷을 중심으로 여론이 들끓기 시작했다. 석유와 가스에 취해 그간 보이지 않던 문제점들이 글로벌 금융위기를 거치면서 수면 위로 드러났고, 직전인 2007년 하원 선거에서 몰표를 받았던 통합러시아당은 비상식적인 공천권을 남발해 '자기들끼리 해먹는다'는 인상을 강하게 남겼다. 결국 통합러시아당의 지지율은 압도적인 유세 활동에도 불구하고 40% 중반을 넘어서지 못했고, 선거 직전에는 역대 최저인 37%를 기록했다.

결국 2011년 12월 하원 선거는 '웃픈' 짤을 탄생시키며 오늘날까지 회자되는 역대급 선거로 남았다. 당일 개표방송에서 모 지역 정당별 지지율 현황을 모두 합산하니 146%가 되는, 방송 사고라고 믿고 싶은 일이 발생했다. 수치를 읽은 아나운서도 뭔가 이상하다는 점을 직감하고 멈칫거렸다. 이어진 각 지역 정당별 지지율 현황에서도 100%를 넘는 경우가 한둘이 아니었다. 이런 가운데 통합러시아당은 77석을 잃었지만 총 450석 중 238석을 차지하며 원내 과반 사수에 성공했다.

하지만 다음날부터 불법 선거 의혹이 제기되었다. 예전 같으면 그러려니 했겠지만, 이번엔 분위기가 달랐다. 선거 전날부터 드러난 불법 선거 정황들이 SNS를 통해 확산되었다. 그중에는 선거 관계자로 보이는 사람이 책상 밑에서 몰래 여러 투표용지에 특정 정당을 마킹하는 영상도 있었다. 심지어 여당에서 선거 결과와 득표율을 정해주고, 선관위 직원들이 기표된 투표용지 수십 장을 투표함에 넣었다는 제보까지 이어졌다.

커지는 의혹에도 정부와 여당은 별다른 조치 없이 의혹을 전면 부인했다. 결국 모스크바와 상트페테르부르크에서 시작된 항의 시위는 전국 단위로 퍼졌고, 소련 해체 이후 최대 규모로 기록되었다. 게다가 연말 TV 토론회에서 푸틴이 시위대를 조롱하자, 부정선거

항의 시위는 반푸틴 운동으로까지 확장되었다.

## 홍차 한잔

러시아인들은 홍차를 아주 좋아한다. 세간의 인식과 달리 러시아 사람들이 물처럼 마시는 건 보드카가 아니라 홍차다. 길고 추운 겨울밤에 친구들과 주방에 모여 따뜻한 홍차와 달달한 간식을 먹으며 이야기를 나누는 것이 하나의 문화일 정도로 러시아에서 홍차는 기호를 넘어선 영혼의 음료다.

꽤 오래전부터 인터넷에서는 푸틴이 미소를 지으며 홍차를 따라주는 사진들과 함께 '푸틴의 홍차'라는 짤이 돌고 있다. 흔히 '정적 처리'와 같은 의미로 쓰이는데, 이는 알렉산드르 리트비넨코 Aleksandr Litvinenko 사건으로 유명해졌다.

1998년 푸틴이 국장으로 있던 연방보안국(FSB; 구 KGB)에서 근무하던 리트비넨코가 상부로부터 올리가르히 암살을 지시받았다고 폭로했다. 이 사건으로 그는 FSB에서 파면 당했고, 푸틴이 2000년 대통령에 취임하자 영국으로 망명했다. 푸틴과 FSB를 비판하는 활동을 이어가던 중 그는 2006년 11월 일반인은 구할 수 없는 방사성 물질에 중독되어 사망했다.

이후 조사를 통해 리트비넨코가 20여일 전 FSB 요원들과 만나 홍차를 마신 사실이 밝혀지면서 '푸틴의 홍차'라는 말이 돌기 시작했다. 참고로 먹을 것을 갖고 장난친 것으로 추정되는 FSB 요원 둘은 러시아로 돌아와 각각 하원 의원과 사업가가 되었다.

비슷한 사례는 러시아 반정부 운동의 상징이 된 알렉세이 나발니Aleksei Naval'nyi에게도 일어났다. 푸틴과 그 주변 인물들의 비리를 추적하던 변호사 출신 야권 운동가 나발니는 2011년 불법 선거 규탄 시위에 앞장서며 시위대의 주축으로 떠올랐다.

인지도를 얻은 그는 2013년 모스크바 시장 선거에서 27%의 득표율로 깜짝 2위를 차지했고, 메드베데프 등 핵심 엘리트들의 비리를 폭로하는 영상을 제작해 전국적인 반정부 시위를 이끌어냈다.

나발니는 SNS를 통해 러시아 정권 핵심 인사들의 부패 폭로 활동을 지속했다. 이는 국내외의 큰 관심을 모았고, 그는 러시아에서 가장 영향력 있는 반정부 인사가 되었다. 그러던 중 2020년 8월 비행기에서 독극물 중독 증세로 의식불명 상태에 빠지기도 했다. 이 사건은 전 세계의 관심을 끌었으며, 나발니는 독일에서 치료를 받고 극적으로 살아났다.

이후 자진해서 러시아로 돌아온 나발니의 유명세는 엄청나게 커졌다. 그리고 그는 추가로 공개한 영상에서, 한국의 국가안보실장에 해당하는 러시아 안보회의 서기의 보좌관으로 위장해 FSB 직원들과 통화하면서 이들로부터 '나발니가 입은 드로즈에 독극물을 발라놓았다'는 증언을 유도하기도 했다. 하지만 나발니는 극단주의 활동 조장 등의 혐의로 30년 형을 받고 2021년부터 수감생활을 해야 했다.

그리고 푸틴의 다섯 번째 집권을 결정할 대선까지 딱 한 달 남은 2024년 2월 16일, 안타까운 소식이 전해졌다. 북부 시베리아의 야말로네네츠 자치구 교도소에서 나발니가 사망한 것이다. 당국은 나발니가 산책 후 쓰러져 혈전증으로 사망했다고 발표했다.

일부 언론들은 나발니가 하루 전만 해도 온라인 재판에 참석해 농담을 할 정도로 건강했으나, 그 전날 러시아 정보기관 요원들이 교도소를 방문해 CCTV를 해제했다고 전하며 정부 개입설을 제기하기도 했다. 러시아 시민들은 혹한의 날씨에도 나발니를 추모하기 위해 거리로 나섰으며, 공안 기관은 이들 중 수백 명을 체포했다. 그럼에도 그의 아내인 율리야 나발나야는 남편이 해온 반정부 운동을 이어갈 것이라고 선언했다.

이제는 진짜 배후가 누구인지 모를 만큼 작금의 러시아에서는 잔혹한 일이 마구잡이로 일어나고 있다. 하지만 분명한 것은 이유를 막론하고 정치적 기득권을 위한 테러는 절대로 용납될 수 없으며, 이 일들에 책임이 있는 사람들은 반드시 그 값을 치러야 한다는 것이다.

이외에도 러시아에서 정부의 논조를 따르지 않는 독립 언론사들은 상시적 위험과 협박에 노출되어 있다. 협박으로 끝나지 않는 경우도 상당하다. 그중에서 노바야 가제타Novaya Gazeta의 탐사 전문 기자 안나 폴리트콥스카야Anna Politkovskaya 피살 사건을 빼놓을 수 없다.

그는 푸틴 당시 총리가 전국구 정치인으로 도약한 2차 체첸 전쟁의 참상을 여과 없이 보도했다. 반군의 잔혹한 행태뿐 아니라, 정부군이 자행한 고문, 집단 처형까지 기록했다. 나아가 폴리트콥스카야는 러시아 민주주의 발전의 장애물로 푸틴 대통령을 지목했고,

정부가 외면해온 인권 유린 사건들을 계속해서 추적했다.

그는 2004년 초등학교를 점거한 체첸 반군과의 협상을 위해 이동하던 비행기에서 홍차를 마신 후 독극물에 중독되어 병원 신세를 지기도 했다. 그리고 결국 2006년 10월 모스크바에 소재한 자신의 아파트 엘리베이터에서 괴한의 총격으로 운명을 달리했고, 2009년에는 그의 법정 대리인과 동료 기자마저 총격으로 사망했다.

이러한 사례는 적지 않다. 나탈리야 에스테미로바Natal'ya Estemi-rova는 1990년대 중반부터 수많은 내전과 혼란을 겪던 체첸을 무대로 인도적 구호 활동과 인권 운동을 펼쳤다. 이어 2000년대에는 인권 단체에서 일하며 2차 체첸 전쟁에서 정부군이 자행한 인권 유린 사례를 조사했다. 인권 증진을 위한 공로를 인정받은 그는 유럽에서 다양한 상을 받았고, 2007년에는 제1회 안나 폴리트콥스카야 상까지 수상했다.

이후 에스테미로바는 체첸 여성들의 히잡 착용 의무화에 반대하고, 체첸 정부군의 범죄를 폭로하는 등 거침없는 활동을 이어갔다. 그리고 결국 2009년 7월 체첸의 수도 그로즈니Groznyi에 소재한 자택 앞에서 납치되어 같은 날 오후 시신으로 발견되었다.


## 암묵적 합의

2011년 12월 불법 선거 의혹에서 시작된 항의 시위는 반푸틴 시위로 번졌다. 그 열기는 과거 나폴레옹과 히틀러도 뚫지 못한 러시아의 혹독한 겨울을 이겨낼 만큼 뜨거웠고, 이듬해 봄까지 계속되었다. 어수선한 분위기 속에서 2012년 3월 대선이 치러졌지만, 푸틴은 63%의 득표율을 기록하며 여유롭게 복귀에 성공했다.

같은 날 저녁 모스크바 시내에 설치된 무대 위로 푸틴과 메드베데프가 등장했다. 두 사람은 검은색 캐주얼 복장으로 열렬한 환호를 보내는 군중 앞에 나타났다. 먼저 메드베데프가 국민들에게 감사 인사를 전했다. 이를 흐뭇하게 바라보던 푸틴은 감격의 눈물까지 보였다. 대선이 끝나자 진압의 수위도 강해지고 시위 규모도 점차 줄며 이렇게 일단락되는 듯했다.

푸틴은 대통령 임기에 관한 헌법을 철저히 준수했다. 최대 2선 연임만 가능했기에 4년 임기 두 번을 마치고 총리가 되어 한 번을 거르면서 개헌을 통해 대통령 임기를 6년으로 확대했다. 그리고 다시 출마해 3선에 성공하며 앞으로 최대 12년의 임기를 확보했다. 완벽한 복귀였다.

불법 선거와 부정부패 정황이 쏟아지고, 불편한 진실을 조명하는 언론인들은 의문사를 당하고, 반정부 시위가 지속되는 가운데 푸틴이 국민으로부터 과반 이상의 지지를 받을 수 있었던 이유는 무엇일까? 탄탄한 몸매와 적절한 노출, 동물을 사랑하고 여성을 배려하는 이미지 메이킹도 있겠지만, 결국 그가 그 시대 대다수 러시아 국민들이 원하는 것과 양보할 수 있는 것을 정확히 파악해 그 경계를 만들어가며 가시적인 성과를 보여준 점이 크게 작용했다.

푸틴이 첫 대선을 치렀던 2000년 3월 당시 러시아 국민의 요구는 '국가 정상화'였다. 러시아는 1990년대 내내 체제 이행의 부작용으로 정치, 경제, 사회 등 모든 분야에서 극도의 혼란을 겪었고 국제사회에서도 그 영향력이 크게 감소했다. 러시아 국민은 국내 안정과 대외 위상을 회복할 수 있는 지도자를 원했다. 그리고 이를 위해서라면 어느 정도의 불편함을 감수할 각오가 되어 있었다. 바로 그때 푸틴이 등장한 것이다.

러시아 지도층 - 국민 간의 암묵적 관계

|  | 권리 | 의무 |
| --- | --- | --- |
| 지도층 | • 일정 수준의 민주주의, 자유 제한<br>• 의무이행에 따른 '일정 수준'의 정치·경제적 부수입 | • 사회 안정, 경제 성장, 대외적 국가 위상 회복 |
| 국민 | • 사회 안정, 경제 성장, 국가 위상 회복의 향유 | • 일정 수준의 민주주의와 자유 제한에 대한 묵인<br>• 지도층의 의무이행에 따른 일정 부수입 인정 |

러시아 지도층과 국민 간의 암묵적인 관계를 표로 정리하면 이렇다. 여기서 주목할 점은 지도층의 권리 중 '일정 수준'이라는 조건이다. 즉 적당히 해야 한다는 얘기다. 지도층의 권리 남용으로 국민들이 "어, 선 넘네?"라고 느끼면 이 관계는 깨질 수 있다. 게다가 이 선의 위치는 대내외 정세, 경제 상황, 기술의 발전 등 여러 변수의 영향을 받는다.

2011년 하원 선거 직후 일어난 반정부 시위는 '지도층의 권리' 중 '민주주의 제한'이 국민들의 심리적 허용선을 넘어 발생한 결과였다. 선거 전에도 경제 성장 둔화와 푸틴의 3선 출마 결정으로 국민들의 불만이 점차 커졌다. 여기에 2010년 즈음부터 저변이 확대된 스마트폰과 SNS를 통해 퍼져나간 노골적인 부정선거 정황이 불을 지폈고, 반정부 시위 규모도 이전과는 비교할 수 없을 정도로 커져버린 것이다.

## 서쪽 바람 타고 날아오른 연

크렘린으로 복귀해 3선 임기를 시작한 푸틴은 전임자가 추진했던 현대화 정책들을 되돌려놓으며 사회 안정을 명분 삼아 반정부 인사 특별 관리, 집시법 위반 처벌 강화, 외국 지원을 받는 시민단체 활동 제한 등 강경한 조치를 내놓았다.

2선 임기 당시 80%대를 유지하던 푸틴의 국정수행 지지율은 총리 시절 70%대로 떨어졌다. 이후 부정선거 시위로 2011년 12월 63%까지 급락했으나, 대선을 앞두고 집중 유세를 펼쳐 3선에 취임하던 2012년 5월 다시 70%를 회복했다.

하지만 푸틴 1~2기에서나 묵인되었을 법한 강성 정책들이 3기에도 쏟아져 나오자 국민들은 반발했다. 그 결과 2013년 하반기에는 푸틴의 지지율이 역대 최저치인 61%까지 떨어졌다. 푸틴 입장에서는 식어버린 분위기를 뒤집을 한 방이 필요했다. 하지만 10년 이상 대통령을 하며 웬만한 건 다 해본 터라 뾰족한 수가 없던 그때, 서쪽에서 슬슬 바람이 불기 시작했다.

2013년 11월에 우크라이나의 키이우에서 반러 시위가 일어났다. 그런데 이것이 유혈사태로 번지더니 반정부 시위로 확산되었고, 결국 2014년 2월에 야누코비치 대통령이 러시아로 피신하며 정권 교체로까지 이어졌다. 이후 등장한 우크라이나 임시정부는 러시아와 거리를 두고 서방과의 관계 확대를 추진했다. 러시아 입장에서는 우크라이나마저 서방에 내어줄 수 없었다. 우크라이나는 러시아와 NATO 사이의 마지막 완충지대이며, 러시아에서 유럽으로 향하는 가스관의 핵심 경유지이자, 크렘린이 구상해온 경제연합체에 꼭 필요한 멤버였기 때문이다.

이토록 민감한 사안에 러시아는 신속히 개입하고 싶었을 것이다. 그러나 몇 년 동안 막대한 자금과 공을 들여온 소치 동계올림픽 개막이 100일도 남지 않은 상황에서, 일단 이 메가 이벤트에 우크라이나 사태의 불똥이 튀지 않도록 관리하는 것이 급선무였다.

그리고 소치 동계올림픽 폐막 1주 후인 2014년 3월 1일 러시아 의회는 우크라이나 내 자국민 보호를 위한 무력 사용을 공식 승인했다. 세바스토폴에 주둔하던 러시아 흑해 함대는 즉시 크림반도 일대를 장악했고, 보름 뒤 치러진 지역주민 투표 결과 96%가 러시아로의 합병에 찬성했다.

이쯤 되면 러시아 입장에서는 손 안 대고 코 푼 격이었다. 러시아 정부와 의회는 신속히 법적, 행정적 절차를 밟았고, 3월 21일 푸틴은 크림반도의 합병을 공식 승인했다. 러시아 입장에서는 부지불식간에 떨어져 나간 크림반도를 60년 만에 되찾은 순간이었다.

러시아 국민들은 자국에서 평생 한 번 있을까 말까 한 올림픽을 치르고, 성적도 1위를 차지해 흥분이 고조된 상태에서 크림반도 합병 소식까지 접했다. 이 시기 러시아 전역에 불기 시작한 애국주의 열풍은 국민들의 머릿속에서 부정 선거나 장기 독재와 같은 부정적인 단상을 단번에 밀어냈다. 그렇게 푸틴은 바람 불 때 연 한번 제대로 날린 덕분에 80%대의 국정수행 지지율을 회복했다.

## 금강불괴 지지율

푸틴은 크림반도 편입으로 러시아 국민들의 엄청난 지지를 받았다. 반면 국제사회에서 러시아는 점차 소외되기 시작했다. 강대국 모임인 G8에서 제외되었고, 미국과 EU의 제재를 받기 시작했다. 공교롭게 마침 국제유가도 급락하며 루블화와 러시아 내 자산의 가치는 반토막이 났고 수입에 의존하던 소비재의 가격은 급등했다.

러시아 기업들은 신용 등급 하락으로 외부 자본을 조달하려면 이전보다 더 큰 이자를 부담해야 했고, 외국 기업들 역시 러시아 투자에 주저했다. 러시아는 미국과 EU에 대한 의존도를 낮추기 위해 아태지역 국가들과의 경제협력 확대를 시도했지만, 결국 중국에 대한 의존도만 커지고 말았다.

비록 서방의 경제제재가 러시아 경제를 일격에 괴멸시키진 못했지만 발목을 잡기엔 충분했다. 그리고 제재가 길어질수록 심각한 자원 의존성, 과학기술과 산업의 저조한 연계성, 허약한 민간 경제, 물가 대비 낮은 임금 등 러시아 경제의 고질병에 서민층의 불만과 고통은 가중될 뿐이었다.

본래 곳간에서 인심 나듯 민심도 곳간에서 난다. 즉 경제 문제가 발생하면 나머지를 아무리 다 잘해도 민심은 돌아서기 십상이다. 그만큼 사람들은 자신의 지갑 사정에 아주 민감하게 반응한다. 한편 러시아 경제가 치명타를 입었음에도 푸틴 대통령은 여전히 국민들의 높은 지지를 받는 예외적인 현상을 만들어내고 있었다.

2016년 9월, 5년 전의 대규모 반정부 시위를 촉발시킨 하원 선거가 치러졌다. 크렘린과 여당은 경제난의 원인을 서방의 제재로 지목하며 내부의 불만을 외부로 돌렸다. 작전이 먹힌 것일까? 통합러시아당은 450석의 76%인 343석을 가져가며 역대 최고의 성적을 올렸다.

그런 가운데 세 번째 임기가 끝나가던 2017년 12월 푸틴은 다음 대통령 선거 출마를 공식 선언했다. 특이하게도 그의 출마 선언은 이전처럼 측근들만 모인 집무실이나 전당대회가 아닌, 모스크바에서 한참 떨어진 어느 지방의 한 자동차 공장에서 이루어졌다. 그곳은 바로 2012년 대선을 앞두고 반푸틴 시위가 한창일 때 "정부가 시위대를 진압하지 못하면 우리가 한 방에 해결하겠다"고 호언장담하던 푸틴의 콘크리트 지지층인 중년 남성 노동자들의 일터였다.

2018년 대선 결과도 뻔했다. 푸틴은 전면적인 선거 유세도, 새로울 만한 정책도 내세우지 않았지만, 76%라는 역대 최고 득표율로 4선에 성공했다. 심지어 네 번째 임기의 첫 주요 과제로, 꼭 필요하지만 모든 지도자들이 기피하는 연금 개혁을 골랐고, 여론의 거센 저항에도 결과물을 만들어냈다. 엄청난 자신감이었다.

# 연장전을 향하여

2024년이면 푸틴 대통령의 두 번째 같은 네 번째 임기가 끝난다. 그간 러시아 정계에서는 "푸틴의 첫 번째 같은 다섯 번째 임기를 준비해야 하는 것 아니냐"는 의견과, 푸틴이 대통령직에서 물러나더라도 "기존의 권력구조와 질서를 유지하려면 뭔가를 해야 한다"는 이야기가 나돌았다.

군불만 때던 이런 소문들은 2020년 1월 그 실체를 드러냈다. 러시아 대통령은 매 연말 연초에 연례 교서를 통해 향후 1년 국정 운영 방향을 발표하는데, 푸틴은 이 자리에서 헌법 개정의 필요성을 언급했다. 세부 항목으로는 동성혼 금지, 영토 분리 금지 등이 있었다.

하지만 핵심은 역시 '대통령 임기에 관한 조항'이었다. 기존의 "동일인이 연속으로 2회를 초과하여 대통령직을 수행할 수 없다"는 내용에서 '연속으로'라는 표현을 삭제하기로 한 것이다. 이를 차기 대선에 출마하지 않겠다는 뜻으로 해석한 많은 사람들은 푸틴의 권력 이양을 예상했다.

그런데 하원에서 헌법 개정안 2차 심의가 열린 3월 10일 반전이 일어났다. 원내 절대다수인 여당을 중심으로 "복잡하게 할 것 없이 헌법에 명시된 대통령의 연임 제한을 없애든지, 아니면 개헌 후에는 전·현직 대통령도 모든 국민들처럼 공평하게 선거에 입후보할 권리를 부여하자"는 의견이 제기되었다. 참고로 러시아의 전현직 대통령은 총 4명이다. 2022년 사망했으나 1931년생으로 헌법 개정 당시 90세를 넘겼던 고르바초프, 2007년에 사망한 옐친, 그리고 메드베데프와 푸틴이었다.

즉, 기존 헌법대로면 2+2로 네 번째 임기 중인 푸틴 대통령은 이제 대선에 출마할 수 없지만, 대통령 선출에 관한 조항을 수정하게 되면 이전의 임기는 없는 걸로 치고 깔끔하게 리셋하자는 뜻이었다. 회의장에서는 박수가 터져 나왔다.

같은 날 하원을 방문한 푸틴 대통령은 "러시아에서 권력 분산은 사회 분열을 초래할 수 있는 만큼 여전히 강한 대통령이 필요하다. 대통령 연임 제한 조항 삭제에는 원칙적으로 반대하지만, 미국도 대공황이나 제2차 세계대전과 같은 국가적 위기 상황에서 대통령이 4선까지 연임한 전례가 있다. 현재 러시아도 소련 해체의 여파에서 완전히 벗어나지 못한 상태다. 따라서 헌법재판소의 합헌 결정과 국민투표를 통해 민심의 동의를 전제로 현 대통령을 포함한 러시아 국민 모두에게 차기 대선에 입후보 권리를 주는 방안도 고려할 만하다"며 분명한 입장을 밝혔다.

다음날 하원에서는 '대통령 임기 리셋'을 포함해 무려 206건의 헌법 개정안이 찬성 383표, 기권 43표로 가결되었다. 곧바로 상원에서도 찬성 160표, 반대 1표, 기권 3표로 대통령의 헌법 개정안에 화답했다. 사흘 후에 푸틴은 이에 서명했고, 이틀 뒤 헌법재판소도 대통령 임기에 관한 헌법 수정안에 대해 합헌 해석을 내렸다.

향후 대선 출마의 걸림돌이던 연임 문제를 합법적으로 해결한 푸틴은 또다시 두 번의 기회를 만들었다. 종신 대통령이 아닌 게 어디냐는 우스갯소리도 있다. 그가 만약 앞으로 두 번의 대선에 출마해 모두 당선된다면 한국 나이로 85세까지, 대통령만 무려 32년을 하게 될 것이다. 참고로 러시아 남성 평균 기대 수명은 이제 막 68세를 넘긴 수준이다.

러시아 정부는 코로나19로 한 차례 연기까지 해가며 마침내 2020년 6월 25일부터 일주일간 헌법 개정에 관한 국민투표를 강행했다. 78%의 찬성표를 얻은 이 투표는 사실 국가 중대사에 대한 국민의 의사를 파악하는 국민투표가 아니라, 굳이 안 해도 되는 근본 없는 투표였다. 그저 나름의 정당성을 부여하기 위한 장치였던 셈이다. 그래서인지 지방 정부들은 투표율을 높이기 위해 아파트, 자동차, 스마트폰, 상품권 등을 경품으로 내걸었다.

푸틴은 여기서 멈추지 않았다. 그는 현직 대통령에만 해당되는 면책 특권을 임기 후에도 누릴 수 있도록 2020년 12월 '전직 대통령 및 가족들의 면책 특권에 관한 법률' 개정안에 서명했다. 그러니까 4선을 끝으로 대통령을 하지 않더라도 국가반역죄만 아니면 그간의 일들로 법적 책임을 묻지 못하도록 만들었다.

이러한 과정을 거치며 국내외에서는 여러 말이 많았지만 푸틴 대통령은 여유가 있어 보인다. 크림반도 합병 이후 80%를 넘던 국정수행 지지율이 연금 개혁으로 무너졌지만, 그래도 60%대였다. 2020년 대통령 임기 리셋 이슈로 잠깐 59%를 찍긴 했지만, 셀프 사면권과 온갖 부패 의혹에도 끄떡없다. 심지어 2022년 우크라이나 침공 이후에는 4년여 만에 지지율이 70%를 넘어 80%대에 진입했다. 그리고 2023년 12월 푸틴은 5선 출마를 공식 선언했다. 이번에는 전당대회도 자동차 공장도 아닌 '조국 영웅의 날'을 기념하는

훈장 수여식에서 한 병사의 대선 출마 요청을 빌려 '국난에 빠진 상황의 특수성'을 감안해 어쩔 수 없이 수락하는 형식을 택했다.

# 제3장. 천연자원의 빛과 그림자

러시아가 사회주의를 포기하고 자본주의를 받아들인 지도 어느덧 30년이 넘었다. 그 사이 우여곡절을 겪으며 경제 규모도 꽤 회복했다. 그럼에도 러시아를 여전히 물자가 부족하고 가난에 허덕이는 소련으로 오해하는 경우가 적지 않다.

러시아 경제의 외적 조건은 꽤 훌륭하다. 약 1억 4천만 명에 달하는 적지 않은 인구에, 러시아어가 통하는 구소련 지역까지 포함하면 약 3억 명을 웃돈다. 게다가 현대판 '약속의 땅'이라 할 만큼 석유, 가스 등 거대한 매장량의 지하자원은 큰 강점이다. 최근에는 기술이 발전하여 북극권에서도 자원을 채굴하고 있다.

한편 중산층 형성에 어려움을 겪고 있는 러시아는 여느 나라와 마찬가지로 양질의 일자리 창출과 제조업 육성에 관심이 높다. 이러한 점에서 제조업이 발달한 한국과 자원 부국인 러시아는 경제적 상호 보완의 잠재력이 상당하다.

러시아가 안고 있는 또 다른 숙제는 체계적인 물류 시스템 구축을 통한 거대한 영토의 효율적인 활용이다. 러시아는 100여 년 전 건설한 세계 최장의 시베리아 횡단 철도TSR가 유럽과 아시아를 잇는 가교 역할을 할 것으로 기대했으나, 여러 한계에 직면해 있다. 최근에는 지구온난화로 북극해의 얼음이 녹으면서 북극항로 활용에 큰 기대를 걸고 있다.

러시아는 '굴뚝 없는 산업'에도 잠재력이 크다. 천혜의 자연과 더불어 땅도 넓고 민족과 문화도 다양해 아시아에서는 유럽으로서, 유럽에서는 아시아로서의 매력을 뽐낸다. 게다가 러시아는 기존의 다소 거친 인상을 걷어내고 '여행을 해도 무탈한' 나라라는 느낌을 주고자 총력을 기울이고 있어 향후 귀추가 주목된다. 다만, 전쟁 이후 실추된 국가 이미지와 매력도를 회복하기에는 시간이 걸릴 것으로 보인다.

한편 크렘린 입장에서 러시아의 극동지역 개발은 미국 국가성장의 대전환점이 된 '서부 개척'에 버금가는 중요 과제다. 중앙정부는 러시아 극동 개발에 한·중·일의 참여를 적극적으로 유도하고 있다. 그 일환으로 러시아는 북한과 이어지는 나진-하산 철도 건설로 동북아의 전략적 요충지인 한반도에 발을 살포시 걸쳐놓았다. 인구 850만 명에 불과한 러시아 극동지역이 아무르강 너머 1억 인구의 중국 동북3성에 잠식될 것인가, 아니면 아시아-태평양 시대를 열어갈 경제협력 무대로 거듭날 것인가는 러시아의 선택에 달렸다.

제3장에서는 러시아의 기업, 자원, 산업에 관한 경제 이야기를 다루고자 한다. 즉 가깝게는 비행기로 2시간 거리에 있는 러시아의 살림살이는 어떤지, 그곳 사람들은 어떻게 경제 활동을 하는지, 또

미래의 먹거리를 찾기 위해 개발 호재를 일으키고 있는 곳은 어디인지 등에 대해 간단하게나마 알아보겠다.

## 밖에서 본 러시아 경제

러시아의 경제 규모는 GDP 기준 세계 10위 안팎을 넘나들며 한국과 비슷하다. 하지만 두 나라의 경제는 체질적으로 다르다.

한국 경제는 위기 때마다 빠르게 변화에 적응하며 꾸준한 성장세를 이어왔다. 무엇보다 20년 가까이 세계 GDP 순위에서 10위권 초중반대를 유지하며 전체적인 우상향을 그리고 있다.

반면 러시아 경제는 작전 세력이 잔뜩 껴있는 주식 종목마냥 널뛰기를 한다. 한국이 매달 몇 백만 원씩 꾸준히 버는 샐러리맨이라면, 러시아는 몇 달에 한 번씩 몇 천만 원을 버는 사업가에 비유할 수 있겠다.

소련은 1980년대까지 미국 다음의 경제 대국이었다. 반면, 15개 공화국으로 해체된 이후 '고난의 1990년대'를 지나 2000년대로 들어선 러시아의 GDP는 한국의 절반 수준이었다. 하지만 석유와 가스의 힘으로 엄청난 스퍼트를 올리며 2006년에 한국을 추월했고, 일시적으로 15위까지 내려앉은 2015년을 제외하면 8~12위를 유지하고 있다. 그리고 2015년부터 한러 양국의 GDP 순위는 엎치락뒤치락하는 중이다.

그런데 러시아의 GDP는 환율에 따른 착시현상도 고려해야 한다. 2014년 국제유가 급락과 크림반도 병합에 따른 대러제재의 여

한국과 러시아의 GDP 순위 (출처 : World Bank)

| 연도 | GDP 순위 | |
|---|---|---|
| | 한국 | 러시아 |
| 2005년 | 12 | 14 |
| 2006년 | 13 | 11 |
| 2007년 | 13 | 11 |
| 2008년 | 15 | 8 |
| 2009년 | 15 | 12 |
| 2010년 | 14 | 11 |
| 2011년 | 15 | 9 |
| 2012년 | 15 | 8 |
| 2013년 | 14 | 8 |
| 2014년 | 13 | 10 |
| 2015년 | 11 | 15 |
| 2016년 | 11 | 12 |
| 2017년 | 11 | 12 |
| 2018년 | 10 | 12 |
| 2019년 | 12 | 11 |
| 2020년 | 10 | 11 |
| 2021년 | 10 | 11 |
| 2022년 | 13 | 8 |

파로 러시아 화폐인 루블화의 가치가 폭락했기 때문이다. 2000년대 들어 1달러에 30루블 수준을 유지했던 환율이 2015년 1월에 68루블, 2016년 1월에는 83루블까지 치솟았다. 우크라이나 전쟁 발발 직후인 2022년 3월에는 일시적으로 역대 최고점인 1달러당 134루블을 찍기도 했다.

달러를 기준으로 보면 러시아 GDP는 2013년 최고치를 기록한 이후 성장이 정체된 듯 보이지만, 루블 기준으로는 2009년 글로벌 금융위기를 제외하면 해마다 역대 최고치를 갱신하고 있다. 즉 러시아의 경제 규모가 밖에서 보면 심하게 요동쳐 예전만 못하지만, 안에서 보면 나름대로 후퇴 없이 꾸준히 성장하고 있다는 것이다.

이런 착시현상은 삶의 질을 반영하는 1인당 GDP에서도 똑같이 나타났다. 2000년 1,771달러에서 2013년 15,974달러로 10배 가까이 증가한 수치가 2014년부터 감소했지만, 루블 기준으로는 매년 상승한 것으로 나타난다.

그렇다면 러시아 국민의 실제 살림살이는 어떨까? 2021년 러시아 1인당 GDP는 약 12,200달러였다. 단순 비교하면 IMF 구제금융 이후 경제위기를 극복해 나가던 2001년 한국과 유사한 수준이다. 그리고 아쉽게도 러시아 국민들의 실질 소득은 최근 5년 넘게 별다른 발전이 없다. 반면, 환율이 급등해 루블의 가치가 절반 수준으로 떨어진 탓에 수입에 의존해온 생필품 가격은 크게 올랐다.

물론 러시아 정부도 국민들의 경제적 여건을 개선하기 위해 여러 노력을 기울이지만 아직 역부족이다. 일부 3D 직종을 제외한 러시아의 월 최저 임금은 2011년 4,611루블이었는데, 2021년에는 지역에 따라 12,615~20,589루블로 10년 새 최대 5배나 올랐다. 그렇다 해도 원화로는 20~33만 원에 불과한 금액이다.

러시아 통계청에 따르면, 2020년 러시아의 월평균 임금은 47,600루블로 76만 원 수준이었다. 같은 해 한국의 월평균 임금은 318만 원이었다. 물론 인건비, 고용 형태, 사회보장제도 등의 조건이 다른 두 나라의 임금 수준을 단순 비교하는 건 무리지만, 물가 대비 러시아 근로자들의 임금이 현저히 적은 것은 사실이다.

# 달콤한 자원의 씁쓸한 뒷맛

각 나라가 내부적 특성과 주변의 상황에 따라 서로 다른 문화와 역사를 써나가듯, 이들의 경제적 특징 또한 천차만별이다. 우리나라로 예를 들자면, 대륙과 단절되어 섬과 다를 바 없는 지리적 조건에 천연자원은 빈약하고 내수시장도 작다. 하지만 높은 교육수준과 적극적 기술 개발, 풍부한 노동력 덕에 반도체, 배터리, 자동차, 휘발유 등 온갖 제품을 만드는 제조업 강국이 되었다. 물론 이를 뒷받침하기 위해 해상무역도 고도로 발전했다. 또 최근에는 미국과 일본의 대중문화를 한국식으로 소화해 영화, 드라마, 음악, 게임, 웹툰 등 문화콘텐츠 산업에서 두각을 나타내고 있다.

러시아는 어떨까? 가장 두드러진 강점은 천연자원이다. 에너지(석유, 가스, 석탄), 금속(철, 니켈, 팔라듐), 귀금속(금, 은), 보석(다이아몬드) 등의 종류도 다양하지만, 그 규모도 어마어마하다. 어디 그뿐인가? 땅속에 묻힌 자원 말고도 광활한 밀 생산지, 시베리아의 빽빽한 삼림, 세계 최대 담수호인 바이칼Baikal도 보유하고 있다.

그렇다 보니 러시아 경제는 자원의존도가 매우 높다. 최근 석유와 가스가 러시아 경제에서 차지하는 비중이 점차 줄어드는 추세이긴 하나, GDP의 25%, 정부 수입의 45%, 전체 수출액의 60% 수준으로 여전히 절대적이다. 참고로 한국 경제의 핵심인 반도체는 한국 전체 수출액에서 차지하는 비중이 20% 내외이다. 문제는 사우디아라비아나 아랍에미리트와 달리 국가의 볼륨이 큰 러시아는 오일머니만으로 지속적인 운영이 불가능하다는 점이다.

자원 시장의 갑은 기본적으로 구매자가 아닌 판매자이다. 제조업체들은 물건 하나라도 더 팔기 위해 기술 개발에 투자하고, 영업망도 넓히고, 광고비도 들여야 한다. 반면 대체로 자원부국들은 가만히 있어도 외국 기업들이 투자하게 해달라고 찾아오니 천문학적인 돈을 상대적으로 우아하게 벌 수 있다.

한편 자원의존도가 높은 나라일수록 경제 위기를 정면으로 맞을 위험이 높다. 미국의 셰일가스 개발, 코로나19 바이러스, 산유국의 감산 합의 실패 등으로 에너지 가격이 곤두박질칠 때마다 러시아 경제가 큰 타격을 입었던 것처럼 말이다.

더 큰 문제는 따로 있다. 부패 견제 시스템이 부실하고 자원의 공공성에 대한 사회적 합의가 이루어지지 않는 한, 아무리 천연자원이 풍부하고 수출을 많이 해도 말짱 도루묵이다. 자원 부국에서 소수 집단이 자원 채굴, 가공, 운송, 판매를 독점하고, 그 수익은 국고가 아닌 권력 집단의 주머니로 들어가는 뻔한 사례를 우리는 역사 속에서 적잖게 봐왔다.

경제 체질 개선의 필요성을 머리로는 알지만 따뜻한 오일머니에 취해 방학 숙제처럼 미뤄온 러시아 정부는 그동안 천연자원의 씁쓸한 뒷맛이 느껴질 때마다 눈을 질끈 감고 애써 태연한 척 참아왔다. 가끔 호되게 당할 때면 자국의 신산업 육성, 혁신 발전을 외치다가도, 몇 년이 지나 에너지 가격이 회복되면 언제 그랬냐는 듯 제자리로 돌아가기를 반복해왔다.

이러한 맥락에서 뛰어난 과학기술을 보유한 러시아가 제조업을 발전시키지 못하는 원인 중 하나를 알 수 있다. 바로 '기술의 수요-

공급 불일치'이다. 제조업이 고도로 발전하기 위해서는 기업, 학교, 정부가 연계하여 산업계에서 요구하는 기술을 개발해야 한다. 그리고 이를 상품화해서 수익이 생기면 연구와 인력양성에 재투자하는 산-학-연의 선순환 구조가 구축되어야 한다.

하지만 천연자원에 의존하는 산업계는 기술개발 수요가 적다. 자연히 과학자들은 정부의 지원에 의존하고, 기술을 개발하더라도 돈이 되지 않으니 연구가 지속되기 어렵다. 즉 제조업 생태계가 구축되기 어려운 환경이다.

## 조용히 돈 버는 기업들

우리가 알 만한 러시아 기업이나 브랜드는 어떤 게 있을까? 업계에서 탄탄한 입지를 지닌 곳들이 생각보다 꽤 있다. 2018년 러시아 월드컵 공식 파트너로 광고판에 짬짬이 등장했고 독일 축구팀 Salke04 유니폼을 장식한 에너지 기업 가즈프롬, 현대사를 바꾼 자동소총 AK-47로 유명한 칼라시니코프Kalashnikov, 필름 카메라 마니아들의 고전 브랜드 로모Lomo, 한때 세계 최대 항공사였던 아에로플로트Aeroflot, 컴퓨터에서 한 번쯤 봤을 법한 OCR 프로그램 ABBYY, 안티바이러스 소프트웨어 카스퍼스키Caspersky, 본래의 의도와는 다르게 악용되면서 널리 알려진 메신저 앱 텔레그램Telegram 등이 있다.

| 순위 | 기업명 | 매출액(루블) | 분야 | 구분 |
|---|---|---|---|---|
| 1 | 로스네프티Rosneft' | 7조 7,830억 | 석유/가스 채굴 및 가공 | 국영 |
| 2 | 가즈프롬Gazprom | 7조 6,600억 | 석유/가스 채굴 및 가공 | 국영 |
| 3 | 룩오일Lukoil | 7조 4,150억 | 석유/가스 채굴 및 가공 | 민영 |
| 4 | 스베르방크Sberbank (저축은행) | 3조 3,400억 | 금융 | 국영 |
| 5 | RZD(철도공사) | 2조 5,080억 | 교통(철도) | 국영 |
| 6 | 로스텍Rostec | 1조 7,720억 | 방위 산업 및 수출 | 국영 |
| | X5 | 1조 7,340억 | 유통 | 민영 |
| 7 | 수르구트네프테가스 Surgutneftegas | 1조 5,710억 | 석유/가스 채굴 및 가공 | 민영 |
| 8 | VTB(대외무역은행) | 1조 4,110억 | 금융 | 국영 |
| 9 | 마그닛Magnit | 1조 3,690억 | 유통 | 민영 |
| | 사프마르Safmar | 1조 3,500억 | 투자(석유·석탄·유통·건설 등) | 민영 |
| 10 | 로스아톰Rosatom | 1조 2,000억 | 원자력(발전·건설·장비생산 등) | 국영 |
| 11 | 인터 라오Inter RAO | 1조 320억 | 전력 | 국영 |
| 12 | 로시스키에 세티 Rossiiskie Seti | 1조 300억 | 송전 | 국영 |
| 13 | 트란스네프티 Transneft' | 1조 270억 | 송유관 부설·운영 | 국영 |
| 14 | 타트네프티Tatneft' | 9,320억 | 석유/가스 채굴 및 가공 | 민영 |
| 15 | 노릴스크 니켈 Norilsk Nickel | 8,780억 | 금속 생산(니켈, 팔라듐) | 민영 |

2020년 매출액 기준 TOP3는 로스네프티Rosneft'(123조 원), 가즈프롬Gazprom(122조 원), 그리고 룩오일Lukoil(118조 원)이다. 모두 에너지 기업이다. 2020년 1위는 비록 로스네프티였으나, 전통적인 강자는 앞선 5년 연속 1위를 달린 가즈프롬이다.

매출액 상위 15개 기업 리스트를 보면, 석유와 가스를 채굴, 또는 가공하는 업체들이 상위권을 차지하고, 그 배후 산업인 금융사와 에너지 운송사들이 뒤를 잇는다. 거기에 전력 회사와 대형마트 유통사들도 일부 끼어 있고, 유일한 제조업체는 방위산업체다. 참고로 같은 해 매출액 기준 한국 기업 TOP3는 삼성전자, 현대자동차, LG전자로 모두 제조업체였다.

미국의 포브스Forbes는 매년 전 세계 상장기업들의 매출, 순이익, 자산, 시가총액을 바탕으로 '글로벌 2000'을 선정한다. 2020년 여기에 이름을 올린 러시아 기업은 가즈프롬(32위), 로스네프티(53위), 룩오일(99위) 등 총 23곳인데, 이 중 14곳이 에너지 기업이다.

반면 한국은 삼성전자(16위), 현대자동차(189위), 신한금융그룹(268위) 등 58개 기업이 포함되었고, 업종도 전자, 자동차, 금융, 제철, 통신, 정유, 식품, IT, 유통, 조선, 제약 등 다채로운 포트폴리오를 갖췄다. 두 나라 경제의 크기는 비슷하지만, 산업적 특성에는 이처럼 큰 차이가 있다.

또 한 가지 주목할 점은, 러시아 주요 기업들이 대부분 국가 소유라는 사실이다. 국영 기업에 덩치로 비벼볼 만한 사기업이 몇 없다. 즉 일자리 창출과 혁신의 주체가 되어야 할 민간 영역이 주도권을 잡지 못하고 국가 경제가 정부 중심으로 돌아간다는 의미다. 그에 비해 대한민국은 2020년 매출액 기준 상위 15개 기업 중 공기업은 한국전력과 산업은행 단 두 곳뿐이다. 그마저도 산업은행은 보통 순위권 밖이다.

한편 석유와 가스의 나라 러시아에서 유통으로 당당히 매출액

10위권에 오른 기업도 있다. 바로 X5와 마그닛Magnit이 그 주인공이다. 어렵게 말해 유통이지만, 쉽게 접근하자면 국민들의 실생활과 직결된 대형마트와 슈퍼마켓 프랜차이즈 사업에 해당한다.

러시아의 일반적인 가게에서는 물건 사는 일이 호락호락하지 않다. 원하는 상품을 일일이 말해야 꺼내주고, 원래 친절하지도 않은 점원이 기분이라도 안 좋은 날이면 괜한 시비가 붙을 수도 있다.

반면 쾌적한 환경에서 카트를 끌며 예쁘게 진열된 물건을 직접 골라 담고, 제품별 단가와 총액을 바로 확인할 수 있는 계산대와 편리한 결제 시스템을 갖춘 프랜차이즈 대형마트와 슈퍼마켓은 외국인은 물론 러시아인들에게도 인기다.

X5는 러시아에 체류한 경험이 있는 사람은 한 번쯤 이용했을 프랜차이즈 브랜드를 여럿 소유하고 있다. 바로 퍄초로치카 Pyatyorochka, 페레크료스톡Perekryostok, 그리고 창고형 마트 카루셀 Karusel'이다. 본 상점들은 러시아 전역에 각각 17,000여 개, 910개, 57개 지점을 운영 중이다. 또 다른 대형 유통업체 마그닛Magnit은 러시아 전국에 15,000여 개의 슈퍼마켓과 마트, 6,000여 개의 드럭스토어를 운영하고 있다.

끝으로 기업 차트 15위를 기록한 노릴스크 니켈Norilsk Nickel은 배기가스 저감장치의 원자재인 팔라듐 생산 세계 1위, 전기차 배터리의 핵심 소재인 니켈 생산 세계 2위에 해당하는 글로벌 비철금속 회사다.

국가별 순위로 보면 러시아는 니켈 매장량과 생산량에서 압도적 1위를 차지하고, 생산 단가도 가장 낮아 상당한 경쟁력을 갖추고 있다. 참고로, 노릴스크 니켈의 회장인 블라디미르 포타닌은 푸틴 시대에 살아남은 대표 올리가르히로 2020년 기준 러시아에서 가장 큰 부자이다.

## 히든 챔피언

앞서 이야기한 바와 같이, 러시아 경제를 움직이는 큰손은 석유와 가스, 그리고 그 배후 산업이다. 하지만 이게 전부는 아니다. 석유와 가스를 제외한 기타 천연자원부터 IT까지 각 업계에서 존재감을 뽐내는 기업들이 꽤 있다. 대중에게 잘 알려지지 않았을 뿐이다.

러시아에는 석유, 가스와 함께 3대 에너지 자원으로 꼽히는 석탄도 많다. 2022년 기준 매장량은 1,620억 톤(15%)으로 세계 2위, 생산량은 4.5억 톤(5.4%)으로 6위를 기록했다. 보통 석탄 채굴이라 하면 숨 막히고 어두운 지하갱도에서 드릴로 작업하는 지하광산을 떠올리겠지만, 러시아 석탄 생산량의 약 75%는 노천 광산에서 나온다. 즉 석탄이 얕은 곳에 묻혀 있어서 땅을 깔때기 모양으로 파 내려가며 채굴한다.

석탄이라고 다 같은 석탄이 아니다. 탈 때 연기 발생 여부에 따라 무연탄과 유연탄으로 나뉜다. 무연탄은 발화점이 높아 불이 잘 붙지 않지만, 연기가 없어 가정용 연탄의 원료로 쓰이는데, 탈 때 인체에 치명적인 일산화탄소가 발생한다. 무연탄은 한국에도 꽤 많이 매장되어 있다. 반면, 한국에 거의 없는 유연탄은 탄소 함량에 따라 이탄, 갈탄, 역청탄으로 나뉘는데, 이중 역청탄이 탄소 함량과 열량이 가장 높아 발전소, 제철소 등에서 산업용으로 널리 쓰인다.

러시아의 석탄은 대부분 바다에서 아주 먼, 깊은 내륙의 시베리아와 극동지역에 매장되어 있다. 특히 시베리아 남서부에 위치한 케메로보주Kemerovo Oblast'의 쿠즈네츠크 탄전Kuznetsk Basin(Kuzbas)에서 러시아 역청탄의 56% 이상이 채굴된다.

러시아 석탄 기업 중 규모가 가장 큰 곳은 러시아 전체 생산량의 4분의 1을 책임지는 수엑SUEK이다. 이곳은 19개의 노천광산을 포함해 30여 개의 광산을 운영하고 있으며, 2019년에는 전 세계 석탄 생산량 6위, 수출량 4위에 올랐다.


또 러시아는 다이아몬드가 가장 많이 매장된 나라로, 세계 10대 다이아몬드 광산 중 5개를 보유하고 있다. 그리고 그중 4개는 한국에서 북쪽으로 올라가면 나오는 러시아 극동의 사하 공화국 Sakha Republic에 몰려 있다. 대표 기업으로는 2019년 3,850만 캐럿을 생산하며 세계 1위에 오른 국영기업 알로사Alrosa를 꼽는다. "A Diamond is Forever(다이아몬드는 영원히)"라는 광고 카피로 유명한 영국의 드비어스De Beers는 같은 해 2위를 기록했다.

러시아는 금도 많이 캔다. 2019년 러시아의 금 생산량은 330톤으로 호주를 제치고 2위로 올라섰다. 여기에 가장 크게 기여한 곳은 러시아 금 생산량의 30%가량을 책임지는 폴류스Polyus이다. 이 기업은 역시나 주로 시베리아와 극동지역에서 금을 채굴하는데, 그중 핵심 지역은 크라스노야르스크 변강Krasnoyarsk Krai이다. 특히 이곳의 올림피아다 금광Olimpiada Gold Mine은 세계 최대 금 생산지

중 하나로, 금광석의 금 함유량이 높기로 유명하다.

천연자원 기업 외에도 눈여겨볼 만한 곳들이 있다. 먼저 러시아 IT 업계의 대표 선수인 얀덱스Yandex다. 'Yandex'의 어원은 IT 개발자들이 원본이 아닌 파생 프로그램에 주로 붙이는 표현인 'yet another'에 데이터 색인 장치를 뜻하는 'indexer'를 더한 것이다. 참고로 이제 한국에서는 추억이 되어 버린 Yahoo의 첫 두 글자도 같은 어원이다. 얀덱스는 1997년 인터넷 검색 서비스로 시작하여 지금은 온라인 결제, 콜택시, 음식 배달, 맵, 부동산 등을 아우르는 종합 IT 서비스 기업으로 성장했다. 2011년에는 미국의 나스닥에도 상장되었으나 2022년 우크라이나 전쟁 이후 거래가 중지되었고, 이듬해 상장 폐지되었다.

아직 절대 강자가 없는 러시아 온라인 쇼핑 업계에서는 중국의 알리익스프레스AliExpress와 러시아의 와일드베리즈Wildberries가 선두 다툼 중이다. 2004년 설립된 와일드베리즈는 일일 이용자 수만 800만 명에 달하는 러시아 최대 e-커머스 업체로 성장했다. 특히 2020년에는 코로나19 특수로 매출액이 전년 대비 96% 증가한 4,372억 루블(약 6조 6천억 원)을 기록했다.

영어 강사였던 알리바바Alibaba의 마윈Jack Ma 회장처럼 와일드베리즈의 창업주이자 대표인 타티야나 바칼축Tat'yana Bakalchuk은 한때 영어 교사로 재직했다. 그리고 육아 휴직 중 아기를 돌보며 장보는 일이 얼마나 힘든지를 깨닫고 IT 엔지니어였던 남편과 함께 온라인 쇼핑몰을 열었다. 이후 고속 성장을 거듭하며 자수성가형

사업가로 변신했다.

타티야나 바칼축은 고려인 동포로, 결혼 전 이름은 타티야나 김이다. 2023년 그의 자산은 70억 달러로 러시아 여성 최고 부호이자 같은 해 포브스의 억만장자 리스트에서 223위에 올랐다.

가장 놀라운 사실은 와일드베리즈가 비상장 주식회사인 데다 창업주가 지분의 99%를 소유하고 있다는 점이다. 와일드베리즈의 진출 국가는 한때 미국, 독일, 프랑스, 스페인 등 14개국에 달했으나 2022년부터 러시아, 벨라루스 등 구소련권으로 축소되었다.

러시아판 페이스북Facebook으로 알려진 브콘탁테Vkontakte는 러시아와 구소련권 국가에서 가장 영향력 있는 소셜미디어이다. 최근에는 인스타그램Instagram과 틱톡TikTok에 밀리는 듯하지만, 2006년 서비스 출시 이래 장기간 구축된 관계기반 플랫폼이라는 강점을 활용해 러시아어권에서는 자신의 지위를 굳건히 지키고 있다.

브콘탁테의 창업자인 니콜라이와 파벨 두로프Nikolai & Pavel Durov 형제는 2011~2012년 러시아 반정부시위와 2013년 우크라이나 반정부시위 당시 러시아 정부로부터 브콘탁테 가입자 정보 제출을 요구받았으나, 이를 단호히 거부했다. 그리고 이유는 알 수 없지만 2013년 12월 러시아를 떠나며 보유하던 브콘탁테 지분 전량을 친정부 성향의 IT 그룹에 매각했다.

위기를 기회로 삼았던 것일까? 두로프 형제는 러시아를 떠나기 몇 개월 전 암호화 메신저인 텔레그램을 세상에 내놓았다. 이들은 러시아 정부의 암호키 요구 역시 단호히 거절했다. 이후 텔레그램은 반정부 시위 정보가 퍼지는 통로가 되었다. 2018년 4월 크렘린은 자국 내 텔레그램 접속을 차단했지만, 우회 접속을 통한 텔레그램 이용자 수는 계속 늘어나 결국 접속 제한은 2년 만에 해제되었다.

## 황금보다 비싼 검은 금

우리말에는 "땅을 파봐라, 돈이 나오나"라는 표현이 있다. 한국에 지하자원이 많았더라면 이런 말이 없지 싶다. 그에 비하면 러시아에서는 땅을 파면 정말 돈이 나온다. 그것도 매우 많이!

러시아는 몇 년 전까지만 해도 원유 생산량에서 사우디아라비아와 번갈아 가며 1~2위를 다투던 석유 대국이다. 비록 미국이 셰일오일 생산을 본격화하며 2019년에 7.4억 톤으로 압도적 생산량을 보였지만, 같은 해 러시아 원유 생산량도 역대 최대 규모인 5.6억 톤을 기록해 2위에 올랐다. 원유 수출량에서도 사우디아라비아 다음으로 2위를 차지했다.

다만 미국과 러시아는 원유를 활용하는 방식에서 큰 차이를 보인다. 미국은 뽑아낸 원유 대부분을 가공해 고부가가치 제품으로 만드는 반면 러시아는 채굴한 원유의 절반가량을 마치 횟감처럼 신선하게 그대로 수출한다.

2019년 미국의 석유제품 생산량은 8.9억 톤으로 원유 채굴량(7.4억톤)을 초과했지만, 러시아는 원유를 5.6억톤이나 채굴하고도 석유제품 생산은 2.8억톤에 그쳤다. 자국에 유전 하나 없는 일본과 한국도 원유를 수입해 1.5억 톤 넘는 석유제품을 생산한다는 점을 고려하면 러시아 입장에서는 분명 아쉬운 수치다.

러시아는 정말 많은 유전을 보유하고 있지만 전부 다 개발하지는 않는다. 바로 수익성 때문이다. 시간과 돈을 들여 열심히 뚫었는데 매장량이 적어 원유가 1~2년 나오다 말라버리면 엄청난 손해다. 매장량이 어느 정도 된다 해도 산세가 험하거나 주변 인프라가 없으면 개발 비용이 치솟아, 팔고 나면 남는 게 별로 없다. 부동산처럼 유전도 입지가 중요하다.

러시아의 핵심 유전지대는 유럽과 아시아의 경계인 우랄산맥 북부 좌편과 우편이다. 이곳은 주로 유목민들이 순록을 키우며 살아가는 곳으로 국내 다큐멘터리에도 여러 차례 소개된 바 있다. 다음으로 큰 유전지대는 러시아의 젖줄인 볼가강Volga River 중류 일대에서 우랄산맥 남서부에 이르는 지역에 위치한다. 이 외에도 흑해 Black Sea와 아조프해Sea of Azov 인근, 이르쿠츠크주, 사하공화국, 사할린 등에 유전을 보유하고 있다.

러시아산 석유를 가장 많이 수입하는 나라는 중국이다. 2위는 유럽의 오일 허브인 네덜란드다. 기존의 1위는 네덜란드였지만, ESPOEastern Siberia-Pacific Ocean 송유관이 완공되면서 중국이 선두로 올랐다. 한편 독일도 소련이 냉전 시절 사회주의 진영에 석유를 공급하던 드루즈바 송유관Druzhba Pipeline을 통해 러시아 석유를 대량

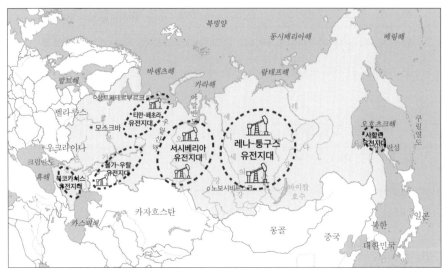

러시아 주요 유전지대

수입하고 있다. 한편, 2022년 우크라이나 전쟁 이후 EU는 러시아산 원유 도입을 줄였지만, 중국과 인도는 러시아 물량을 대폭 늘렸다.

통상적으로 석유를 수출하는 방법은 유조선, 기차, 그리고 송유관이다. 유조선은 바다를 통해 저렴한 가격으로 멀리 보낼 수 있다. 다만 석유를 배에 싣고 내릴 때마다 시간과 비용이 발생하고, 무엇보다 유전이 바다에서 가까워야 한다. 그렇지 않으면 바다까지 송유관을 설치해야 하는 부담을 떠안게 된다.

기차는 내륙의 유전에서 소비지역까지 도어 투 도어Door to Door 운송이 가능하다. 하지만 유조선에 비해 운송가능량이 적으면서 철도를 부설하고 유지하는 데 비용이 들어간다.

러시아가 가장 선호하는 방식은 송유관이다. 초기에 설치비는 많이 들지만, 이후에는 저렴하게 많은 양을 안정적으로 보낼 수 있다. 물론 관리는 필수이다.

2019년 4월 러시아의 송유관 운영 업체 트란스네프티Transneft'가 채굴 과정에서 첨가된 화학 물질을 실수로 제거하지 않은 상태로 원유를 수출한 것이 밝혀졌다. 이에 주변 국가들은 설비 부식 등 피해를 입었거나 예방을 위해 수입을 일시 중단했다. 결국 트란스네프티는 책임을 인정하고 관련 업체들에게 보상금을 지급하기로 했다.

러시아 경제에서 2020년은 악몽 같은 해였다. 미국 서부 텍사스산 원유WTI:West Texas Intermediate 가격이 한때 배럴당 -40달러까지 떨어졌다. 코로나19 영향으로 석유 수요가 감소해 빠르게 추락하던 국제유가는 원유 선물 만기일이 다가오자 매도 물량이 급증하면서 사상 처음으로 마이너스를 기록했다.

당시 유가 폭락의 핵심 원인은 사우디와 러시아 간의 힘겨루기였다. 두 나라는 원유 가격을 유지하기 위해 일종의 담합처럼 생산량을 합의해왔다. 하지만 2020년 3월 감산 합의 만료를 앞두고 러시아가 생산량 확대를 암시했다.

시장 점유율을 유지하려던 사우디도 맞불을 놓았다. 상대가 버틸 수 없을 때까지 더 낮은 가격에 물량을 쏟아내려 했다. 재미있는 점은 사우디와 러시아의 칼날이 서로를 향하기도 했지만, 미국의 셰일오일 업계를 고사시키겠다는 전략도 깔려 있었다는 점이다.

보다 못한 미국이 중재에 나섰다. 당시 재선을 노리던 트럼프가 선거를 앞두고 자국의 셰일 업계를 외면할 수 없었기 때문이다. 그 결과 미국, 사우디아라비아, 러시아 등 주요 산유국들은 2020년 5월 1일부터 두 달 동안 원유 감산에 합의했고, 이후 코로나19 백신 개발 소식이 전해지면서 경기회복에 대한 기대감으로 국제유가는 예전 수준을 회복했다.

## 러시아의 보이지 않는 힘

러시아에는 석유만큼 엄청난 돈을 안겨주며 동시에, 가정용 난방에 쓰여 겨울이 올 때마다 유럽에 큰소리를 치게 해주는 외교적 무기가 있다. 바로 가스이다.

가스전과 유전은 뿌리가 유사하여 대개 위치도 비슷하다. 러시아의 주요 가스전은 대부분 서시베리아의 야말반도Yamal Peninsula

러시아 주요 가스전

주변과 앞바다에 조밀하게 모여 있다. 이외에도 볼가강 중류, 이르쿠츠크주, 사하공화국, 사할린에 대형 가스전이 있다.

가스에 대한 이야기 전에 먼저 그 종류와 용어에 대해 간단히 살펴보겠다. 우리가 사용하는 가스는 크게 석유가스와 천연가스로 나뉜다. 석유가스는 원유를 채취하거나 정제하는 과정에서 생산되는 가스다. 그리고 이것을 운반하기 쉽게 액체로 만든 액화석유가스를 LPGLiquefied Petroleum Gas라 부른다.

요즘은 보기 어렵지만 도시가스가 없는 주택, 빌라에서 쓰는 높이 1m가량의 회색 가스통에 들어 있는 것이 LPG다. 라디오 광고에서 "조강지처가 좋더라", "안 터져요"와 같은 중독성 있는 후크송으로 유명한 한국의 수출 효자상품 부탄가스도 바로 이 LPG이다.

한편 천연가스는 가스전에서 기체 형태로 뽑아내 정제한 것이다. 이를 기체 상태로 가스관을 통해 공급하면 PNGPipeline Natural Gas, 장거리 수송 전 배에 싣고자 고농축 액체로 만들면 LNGLiquefied Natural Gas, 수송 후 이를 다시 기화시켜 고압으로 압축시키면 CNGCompressed Natural Gas가 된다. PNG는 생산지에서 소비지역까지 가스관으로 보낼 수 있는 미국, 유럽, 러시아 등에서 주로 취급한다. 우리가 가정에서 쓰는 도시가스는 대부분 LNG를 기화한 것이고, 시내에서 볼 수 있는 천연가스 친환경버스는 CNG를 사용한다.

석유가스와 천연가스는 성질이 다르다. 석유가스는 프로판과 부탄으로 이루어져 공기보다 무겁다. 하지만 천연가스는 메탄으로 이루어졌고 공기보다 가벼워서 위로 뜬다. 이 때문에 LPG선과

LNG선은 별도로 운용된다. 또, 국가 간에 거래되는 가스는 대부분 천연가스이다.

| 천연가스 Natural Gas | | |
|---|---|---|
| 파이프라인 천연가스<br>Pipeline Natural Gas | 액화 천연가스<br>Liquefied Natural Gas | 압축 천연가스<br>Compressed Natural Gas |

러시아산 천연가스의 주요 시장은 유럽이다. 특히 최대 수입국인 독일은 러시아 수출량의 약 30%를 가져간다. 터키, 이탈리아, 네덜란드, 중국, 일본 등도 주요 수입국이다. 육지로 인접한 동유럽과 중부유럽, 그리고 중국은 가스관으로, 그 외 지역은 LNG선을 이용해 수출하는데, 가스관 물량이 5배 가량 많다.

운송비 측면에서 보면 일반적으로 PNG가 LNG보다 30% 이상 저렴하다. LNG선 한 척을 만드는 데 약 2천억 원, 바다가 얼어붙으면 필요한 쇄빙 LNG선은 약 4천억 원이 든다. 게다가 LNG는 액화-선적-하역-기화 작업이 필요하다.

다만 수송 거리가 길어져 약 6,000km를 넘어가면 LNG 운송비가 PNG보다 낮아진다. PNG도 경유지 확보, 부설, 가스관 관리 및 운용에 만만치 않은 비용이 들기 때문이다. 게다가 가스관이 지나려면 통관료 외에도 가스관이 경유하는 국가와의 정치적 이해관계까지도 고려해야 한다. 참고로, 과거 러시아는 우크라이나에 가스관 통관료로 연 3조 원가량을 지불하고 가스도 저렴한 가격에 제공했다.

우리나라는 호주, 미국, 카타르 등으로부터 천연가스를 수입해온다. 하지만 독일, 이탈리아, 프랑스 등이 속한 EU는 천연가스 수입량의 40%를 러시아에서 사온다. 특히 러시아와 지리상 인접한 체코, 폴란드, 헝가리, 핀란드 등은 국내 가스 수요의 60~100%까지 러시아에 의존해 왔다.

EU는 러시아산 자원의존도를 낮추고자 미국, 중동과의 에너지 협력을 확대하고, 신재생 에너지 산업을 육성하여 석유와 가스 소비를 근본적으로 줄이기 위해 노력 중이다. 특히, 우크라이나 전쟁 이후에는 노르웨이산 LNG 수입을 크게 늘렸다.

러시아 역시 유럽을 대신할 시장으로 아시아를 보고 있다. 특히 중국, 일본, 한국 등 에너지 자원을 대량 수입하는 제조업 거인들이 몰린 동북아시아는 러시아에 매력적인 시장이다.

## 파이프라인의 지정학

앞서 언급한 서부텍사스유West Texas Intermediate, 브렌트유Brent Crude처럼 산유국마다 대표 유종이 있다. 러시아 대표 유종은 우랄유Ural Crude다. 이름에서 알 수 있듯 러시아의 유전은 세로로 뻗어 있는 우랄산맥을 따라 내륙에 집중되어 있다. 아무리 석유가 많아도 팔아야 돈이 된다. 그래서 러시아는 석유를 수출하기 위해 수천 킬로미터 떨어진 항구와 유럽까지 송유관을 건설했다.

러시아의 주요 석유 수출 경로는 4개로 요약할 수 있다. 1964년에 개통된 드루즈바 송유관은 서시베리아에서 생산된 원유를 공급

받아 볼가강 유역에서 시작해 벨라루스로 들어간 후 두 갈래로 갈라진다. 북부 지선은 폴란드, 독일로 향하고, 남부 지선은 우크라이나, 슬로바키아, 체코, 헝가리 등으로 이어지며 총 길이는 9,000km에 달한다.

상트페테르부르크 인근 항구들로 향하는 발틱 송유관Baltic Pipeline은 2개의 노선으로 이루어진다. 2001년 개통한 발틱 송유관-1은 서시베리아, 볼가강 유역, 티만-페초라Timan-Pechora 분지에서 생산된 석유를 핀란드 국경 인근의 프리모르스크Primorsk 항구로 운반한다. 2011년 건설된 발틱 송유관-2는 드루즈바 송유관이 러시아에서 벨라루스로 넘어가기 전 분기점에서 북쪽으로 갈라져 에스토니아 국경 근처 우스티-루가Ust'-Luga 항구로 빠진다.

노보로시스크Novorossiisk 항구는 러시아의 대표적인 석유 수

러시아 석유수출 주요 인프라

출 항구다. 러시아 볼가강 유역에서 생산된 석유, 바쿠-노보로시스크 송유관으로 운반된 아제르바이잔 석유, CPCCaspian Pipeline Consortium 송유관을 경유한 카자흐스탄 석유가 이곳에 모여 흑해 연안 국가들로 수출된다.

마지막으로, 2012년 말에 최종 완공된 ESPO 송유관은 아시아 시장을 겨냥하고 있다. 시베리아와 러시아 극동의 석유가 이 송유관을 통해 중국의 흑룡강성Heilongjang과 연해주의 코즈미노Koz'mino 항구로 운반된다. 특히 코즈미노항으로 수송된 석유는 유조선을 타고 세계 최대 공업지대인 중국 동부해안과 한국, 일본, 인도 등으로 수출된다.


러시아의 수출용 가스관 대부분은 유럽으로 향해 있다. 서시베리아에서 생산된 천연가스는 소련 시절부터 동유럽 사회주의 진영에 공급되었다. 당시 건설된 가스관들은 모두 우크라이나를 경유했는데, 이는 경제적으로나 정치적으로나 가장 합리적인 노선이었다.

반면, 소련이 해체된 이후 러시아가 건설한 유럽행 가스관들은 모두 우크라이나를 지나지 않는다. 우크라이나는 소련 출신 중 가장 화끈한 정권 교체를 연거푸 해왔는데, 그때마다 러시아에 대한 입장이 냉탕과 온탕을 오갔기 때문이다. 러시아는 우크라이나에 대한 의존도를 점차 줄인 결과, 유럽에 수출하는 가스 중 우크라이나 경유 물량을 30% 수준까지 낮췄다. 여기에 러시아와 우크라이나는 2024년 12월 31일 종료되는 양국 간 가스 운송계약을 두고 모두 '연장 불가'를 외치며 팽팽한 자존심 싸움을 벌이고 있다. 한편, 2022년 2월에 발발한 양국 간 전쟁 이후에도 우크라이나를 경유하는 러시아발 우크라이나행 가스관은 멈추지 않고 계속 운영 중이다.

우크라이나를 위로 우회하는 주요 가스관은 2개다. 야말-유럽 가스관Yamal-Europe Pipeline은 1994년에 서유럽 수출용으로 착공해 2006년 정식 운용을 시작했는데 벨라루스-폴란드를 거쳐 독일 동부로 향한다. 다른 하나는 노드스트림-1, 2Nord Stream-1, 2로 앞서 나온 발틱 송유관-1, 2의 종착점 인근에서 발트해 아래를 지나 독일 북부로 들어간다. 노드스트림-1은 2010년 착공 후 2011년 말부터 운용을 시작했다. 하지만 노드스트림-2의 운명은 기구하다.

러시아는 크림반도 합병 직후부터 우크라이나를 우회하는 가스관을 추가 건설하려 했고, 2018년에 노드스트림-2 공사를 시작했다. 그런데 시공을 맡았던 외국업체들이 완공을 코앞에 둔 시점에 미국의 제재가 확대되자 작업을 중단했다. 이에 러시아는 단독으로 공사에 착수했고 2021년에 완공하여 본격 운용을 앞두고 있었다.

각 2개씩 총 4개의 관으로 구성된 노드스트림-1, 2은 그 운송가능량이 한국의 연간 천연가스 사용량의 2배에 달하는 초대형 가스관으로 총 건설비만 170억 유로(24조 원)에 이른다. 물론 러시아 혼자 돈을 댄 것은 아니다. 아무튼 러시아는 이를 통해 우크라이나에 대한 의존도를 더욱 낮추면서도 유럽 내 가스 공급량과 영향력을 확대할 수 있었다. 반대로 유럽은 저렴한 가격에 안정적으로 가스를 받을 수 있었다.

그런데 이때부터 상황이 급격히 변했다. 2021년 말 러시아와 우크라이나 간 긴장이 고조되자 가스를 받기로 한 독일이 노드스트림-2 사업 승인을 보류한 것이다. 결국 2022년 우크라이나 전쟁이 일어났고, 날씨가 추워지기 시작한 9월 초 러시아는 노드스트림-1을 닫았다. 그리고 같은 달 말에는 아직 원인도, 범인도 찾지 못한 '노드스트림 가스관 폭발사건'이 일어나 4개의 관 중 3개가 파손되었다. 정치적 상황으로 가스관 재가동이 어려울 것으로 판단한 러시아는 결국 노드스트림을 폐쇄했다.

우크라이나의 아래로 우회하는 주요 가스관 2개는 모두 흑해 밑을 통과하는 해저 가스관이다. 첫 번째는 2003년 완공된 블루스트

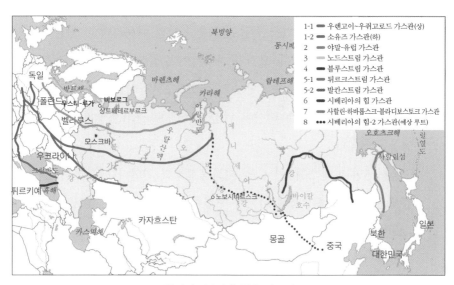

러시아 가스수출 주요 인프라

림Blue Stream으로, 이 가스관은 흑해 연안의 겔렌지크Gelendzhik 근처에서 출발해 튀르키예 북부로 들어간다. 두 번째 가스관 튀르크스트림Turk Stream은 흑해의 석유 수출 항구인 노보로시스크에서 출발해 튀르키예 영토 중 불가리아에 인접한 유럽 지역으로 들어간다. 러시아는 본래 불가리아와 가스관 사업을 추진했었다. 그런데 2014년 러시아의 크림반도 합병에 따른 미국의 제재로 불가리아가 불참을 선언하자 튀르키예로 방향을 틀었고, 그 결과 현재의 튀르크스트림이 건설되었다. 이것도 노드스트림처럼 2개가 나란히 가는데, 하나는 튀르키예 내수용이고, 다른 하나는 발칸반도 수출용이다.

한편 아시아에서 러시아는 중국과 송유관에 이어 가스관 사업도 진행 중이다. 2014년 3월 서방의 대러 제재가 시작되자마자 양국은 10년 넘게 끌던 가스 공급 협상을 서둘러 마무리하고, 이른바 세기의 계약을 체결했다. 요지는 시베리아의 힘Power of Siberia 가스관을 건설해 러시아가 중국에 30년간 1조 2천억$m^3$의 가스를 공급한다는 내용이다. 이는 러시아 연간 가스 수출량의 4배에 이르는 엄청난 양이다.

공사 5년 만인 2019년 12월 사하공화국의 차얀다Chayanda 가스전에서 중국 흑룡강성에 이르는 구간이 운용에 들어갔고, 2022년 12월에는 가스관이 이르쿠츠크주 코빅타Kovykta 가스전까지 연결되었다. 양국은 여기서 멈추지 않고, 러시아 최대 가스전 서시베리아에서 중국으로 이어지는 시베리아의 힘-2Power of Siberia-2 건설을 추진하고 있다.

# 뜨거운 북극

북극권Artic Circle을 선점하기 위한 열강들의 경쟁이 뜨겁다. 엄청난 양의 천연자원과 새로운 물류 노선 때문이다. 북극권에 대한 정의는 관점에 따라 조금씩 다르기도 하지만, 통상적으로 북위 66도 33분선보다 위에 있는 지역을 의미한다.

북극권에 영토를 보유하고 있는 나라는 총 8개국으로, 러시아, 캐나다, 미국(알래스카), 노르웨이, 덴마크(그린란드), 아이슬란드, 핀란드, 스웨덴이다. 위도가 높은 지역에 있는 대표적인 도시 상트페테르부르크(러시아), 헬싱키(핀란드), 오슬로(노르웨이), 앵커리지(미국 알래스카)도 북극권에는 속하지 않는다. 이곳은 그만큼 인류에게 쉽게 곁을 주지 않는 곳이다.

하지만 북극권에는 전 세계에서 아직 개발되지 않은 상태의 원유 25%, 천연가스 45%, 그리고 니켈, 티타늄, 금, 희토류 등 온갖 자원이 묻혀 있다. 게다가 아직 탐사가 충분치 않은 만큼 실제 매장량은 더 많을 것으로 예상되는 데다 지구 온난화로 북극의 빙하가 빠르게 녹고 있어 이를 활용하기 위한 각국의 노력도 이어지고 있다.

북극권 국가 중 북극해를 접하는 미국, 캐나다, 노르웨이, 덴마크, 러시아는 이 지역에서 서로 자신의 영역을 확보하려고 자리 싸움을 벌이고 있다. 자원은 결국 바닥에 묻혀 있으니 바다에서 자원을 채굴하려면 해저를 뚫고 내려가야 하는데, 권리도 없는 곳에 드릴을 박을 수는 없기 때문이다.

이 게임의 필승 전략은 바로 해안에서 바다 밑으로 끊기지 않고 완만하게 뻗어나온 해저 지형인 대륙붕Continental Shelf을 확보하는 것이다.

UN 해양법협약에 따라, 북극해에서 주권을 행사할 수 있는 국가는 없지만, 북극해와 접한 5개국은 자국 연안부터 200해리(약 370km)까지 배타적 경제수역EEZ을 인정받는다. 그 너머의 공해에서는 아무도 권리를 주장할 수 없다. 다만 자국의 대륙붕이 배타적 경제수역을 넘어 공해까지 연결되어 있음을 과학적으로 증명하고 UN 대륙붕한계위원회의 승인을 얻으면, 해당 구역에 대해 영유권을 인정받을 수 있다.

그런데 공교롭게도 북극해의 공해에는 북극점을 가로지르는 로모노소프 해령Lomonosov Ridge이 있다. 최고 높이 3,400m, 길이 2,000km에 달하는 해저 산맥으로 러시아의 랍테프해Laptev Sea와 덴마크령인 그린란드 사이에 직선으로 뻗어 있다.

문제는 이 해령과 특정 국가 간의 지리적 연결성이 공식적으로 입증되지 않았다는 것이다. 로모노소프 해령 이슈에 비벼볼 수 있는 러시아, 덴마크, 캐나다는 이곳에서 채취했다는 자갈, 퇴적층 샘플, 그리고 수천 장에 이르는 조사 결과를 들이밀며 서로 자기 나라와 연결된다고 주장하지만, 여전히 논쟁거리로 남아 있다.

러시아는 전 세계에서 북극권 내 영토가 가장 넓고 북극해 해안

북극해 지도

선도 가장 긴 나라다. 게다가 북극권 개발을 위해 국가적 차원에서
장기간 노력을 기울인 결과, 무르만스크Murmansk(30만 명), 노릴스
크Norilsk(18만 명) 등 북극권에서 유일하게 인구 10만 명이 넘는 도
시를 보유하고 있다.

러시아는 북극권 개발 경쟁에서 선두를 차지하기 위해 적극적으
로 움직여왔다. 2007년에는 북극점 인근 해저에 녹슬지 않는 티타
늄 국기를 꽂은 바 있다. 마치 '러시아가 북극해를 점령했다'는 뉘
앙스를 풍긴 이 퍼포먼스는 주변국들의 반발을 사기도 했다.

2013년 12월 러시아는 서시베리아 최북단 야말반도에서 가스를
뽑아 아시아와 유럽으로 수출하는 야말 LNG 프로젝트에 착수했
다. 그리고 북극항로의 상용화를 앞당기기 위해 쇄빙선 발주도 늘
리고, 북극해 인근 도시들의 항해 인프라도 조금씩 정비하고 있다.
2017년에는 한국의 대우조선해양으로부터 세계 최초의 쇄빙 LNG

선을 인도받고, 마침내 야말 LNG 사업의 첫 수출을 개시하기에 이르렀다.

안정적인 북극권 개발을 위해 군사력도 확충했다. 2014년에는 무르만스크 인근에 모항을 둔 북방 함대에 육해공군 부대를 통합하고, 서부 군구에서 분리하여 별도의 군구 급으로 '북방함대 합동 전략사령부'를 출범시켜 러시아의 북극권 핵심 지역을 관할하게 했다. 또한 소련 해체 이후 폐쇄했던 북극권 군사 기지들도 하나둘 복원되었다.

북극권은 문명 세계와 먼 혹독한 자연이다. 이 지역에서의 자원 개발은 천문학적인 비용이 소요되므로 리스크 분산을 위한 해외 투자 유치가 필수다. 또 수지타산을 맞추기 위해서는 에너지 가격이 일정 수준 이상으로 꾸준히 유지되어야 한다. 하지만 셰일 에너지 혁명으로 미국이 40여 년 만에 원유와 LNG 수출을 재개하여 에너지 가격이 급락했다. 그리고 러시아는 크림반도 합병 이후 미국의 제재로 북극 개발에 필요한 자본·장비 등을 도입하는 데 문제가 생겼다.

이 틈을 파고든 나라가 바로 중국이다. 중국은 2014년에 자신을 '북극권 인접 국가'로 칭하고 2018년에는 북극정책백서까지 발간했다. 중국은 북극 개발 리스크를 홀로 떠안게 된 러시아와 손잡고 큰 판에 뛰어들 준비를 마쳤다.

앞서 소개한 야말 LNG 프로젝트의 성공 뒤에도 중국이 있다. 크림반도 합병에 따른 서방의 제재로 러시아가 자본 조달에 어려움을 겪자 중국이 총 공사비의 절반에 육박하는 120억 달러를 차관 형태로 제공한 것이다. 참고로 중국은 야말 LNG 프로젝트의 지분 30%를 보유하고 있기도 하다. 이 돈으로 야말 반도에서 생산된 LNG가 지금 북극항로를 통해 중국에 수출되고 있다. 후속 사업으로 예정된 아크틱-2Arctic LNG-2 프로젝트에도 중국 지분이 무려 20%나 된다. 대러 제재의 진정한 승자가 중국이라는 말이 그냥 나온 것이 아니다.

## 지구 온난화가 뚫은 북극항로

지구 온난화로 빠르게 녹고 있는 북극의 얼음은 세계 경제에 큰 변화를 예고한다. 이는 단순히 자원개발에 국한되지 않는다. 대표적으로, 가까운 미래에 북극항로(북동항로)가 상용화되면 한국에서 유럽으로 가는 컨테이너선이 더 이상 동남아-중동-수에즈 운하 경로를 이용하지 않아도 된다는 점을 들 수 있겠다.

러시아 측면에서 북극항로는 서북단의 무르만스크로부터 극동의 블라디보스토크까지 이르는 구간으로, 서쪽으로는 유럽, 동쪽으로는 아시아로 나가는 노선이다. 육지와 가깝게 운항해야 거리도 단축하고 만일의 사태에 대비하기 유리하기 때문에 북극항로는 러시아 영해와 배타적 경제수역을 통과한다.

그렇다면 북극항로는 언제 처음 발견되었을까? 15세기 대항해 시대에 접어들면서 국제무역 질서는 큰 변화를 겪게 되었다. 새로 발견된 해상무역 항로는 그간 아시아와 유럽을 연결하던 실크로드를 완벽하게 대체했다.

당시 서구의 바다는 스페인과 포르투갈이 장악했고, 네덜란드, 영국 등 후발 주자들은 대체 노선을 찾기 위해 북극해를 넘나들며 고래잡이와 극동지역 탐사를 병행했다. 그로부터 몇 세기가 지난 1878년, 스웨덴 탐험가 닐스 노르덴셸드Nils Adolf Erik Nordenskiöld가 인류 최초로 북극항로를 통한 대륙 횡단에 성공해 이 노선의 가능성을 증명해 보였다.

이후 소련도 북극항로를 탐사했지만 계절 차에 따른 불안정성과 경제성 부족으로 상용화되지 못했다. 하지만 21세기 들어 북극항로가 다시 주목받고 있다.

예상보다 빠르게 녹는 얼음에 기업들이 반응했다. 2009년 독일의 해운업체는 울산에서 네덜란드 로테르담Rotterdam까지 북극항로를 이용한 최초의 상업 운항에 성공했다. 이후 수많은 선박이 시범 운항을 거쳤고, 마침내 2018년 9월 세계 최대 해운회사인 덴마크의 머스크Maersk사가 부산에서 독일까지 북극항로를 통한 컨테이너선 운항에 최초로 성공하며 상업화 가능성을 끌어올렸다.

2021년 러시아 국내분을 포함한 북극항로의 물동량은 약 3,500만 톤으로 자체 역대 최고를 찍었다. 북극항로는 연중 절반만 운항 가능하고, 수에즈 운하Suez Canal 물동량이 7억 톤인 점을 감안하면, 아직 걸음마 수준이지만 결코 적지 않은 양이다.

북극항로의 최대 강점은 역시 거리다. 부산에서 출발한 선박이 기존의 수에즈 운하를 통해 네덜란드 암스테르담Amsterdam까지 가려면 45일(21,000km)이 걸린다. 반면 베링해와 북극해를 통하면 35

북극항로와 시베리아 횡단철도

일(13,000km)로 단축된다. 연료비와 탄소 배출량도 감소한다.

2013년 10월 현대글로비스는 한국 최초로 북극항로를 통과했는데, 거리가 짧아지자 연료비와 항로 이용료도 20%(107만 → 87만 달러)나 절감되었다. 게다가 북극해에는 외국 상선과 선원들을 납치해 몸값을 요구하는 해적도 없다.

하지만 북극항로는 장점만큼이나 단점과 한계도 명확하다. 전체적으로는 빙하가 감소하고 있지만, 동시베리아해는 유빙이 모여드는 가장 위험한 구간이다. 이로 인해 북극항로 중 유럽 쪽은 연중 운항이 가능하나, 아시아 쪽은 아무리 길어도 6~10월만 이용할 수 있다.

비용 절감에 대한 의구심도 여전히 남아 있다. 쇄빙선 에스코트는 공짜가 아니다. 그리고 아무리 쇄빙선이 앞에서 길을 내주고 뒤를 따라간다고 해도 북극항로에 진입하려면 기본적인 내빙Iceresistant 처리가 필요하다. 선박이 무거워지면 자연히 항해 속도도 느려지고, 연료 소비는 늘어난다. 보험료 상승의 소지가 다분한 데다 앞으로 통행료도 수에즈 운하에 비해 얼마나 저렴할지는 두고 봐야 할 일이다.

물류 수요와 인프라 부족도 발목을 잡는다. 중국, 동남아, 인도 등을 지나는 수에즈 운하 노선에는 실어나를 물건과 운항 중 보급을 위한 정박 인프라가 충분하다. 반면, 북극항로가 지나는 지역에는 물건은커녕 사람도 보기 어렵다. 이 때문에 북극권에서 생산된 천연가스를 운반하는 LNG선을 제외한 외국 선박의 통행량은 크게 늘지 않을 것이라는 의견도 있다.

게다가 북극항로에는 수심이 10m도 안 되는 곳이 종종 있어서 해운 업계가 선호하는 초대형 컨테이너선이 진입하기 어렵다. 이러한 점들을 해결하지 못하면 북극항로는 러시아가 북극권에서 생산한 자원을 수출하는 통로 이상의 의미를 갖기 어려울 것이다.

하지만 이곳은 수백 년 전부터 많은 바다 사나이들이 목숨을 걸고 탐험해 온 곳으로, 그들의 이름이 여러 바다에 남아 있다. 16세기 북극해 탐사의 선구자 중 하나인 네덜란드의 바렌츠Barents, 18세기 북극해와 러시아 극지방을 샅샅이 조사한 러시아의 랍테프 Laptev, 18세기 아시아와 아메리카가 바다로 분리된 것을 확인한 덴마크의 베링Bering…. 오랜 시간이 걸렸지만 인류는 한계를 극복해왔고 앞으로도 그럴 것이다. 다른 건 몰라도 북극항로에 있어서만큼 시간은 러시아의 편이다.

# 웰컴 투 러시아

러시아는 생각보다 정말 크다. 러시아 영토 중 아시아에 해당하는 우랄 산맥 동쪽지역만 해도 중국보다 훨씬 크다. 그리고 유럽에 해당하는 우랄 산맥 서쪽만 놓고 봐도 프랑스의 7배나 된다. 양 대륙 모두에서 압도적으로 큰 이 나라에는 천연자원뿐 아니라 다양한 관광 콘텐츠도 담겨 있다. 광활한 숲과 천혜의 자연환경, 유럽 문물을 독자적으로 소화한 제정 러시아의 클래식 문화와 소련의 레트로 감성, 그리고 아시아적 멘탈리티까지 섞여 있다.

러시아의 유네스코 세계유산은 2023년 기준 문화유산 20개, 자연유산 11개로, 세계에서 아홉 번째로 많다. 하지만 낡은 인프라와 서비스 마인드의 부족, 무엇보다도 '스킨헤드'로 대표되는 이미지 메이킹의 실패로 2000년대 중반까지 러시아를 찾는 외국인 관광객 수는 연 300만 명 수준에 불과했다.

러시아 정부는 상황을 바꿔보려 관광특구도 만들고, 흑해의 휴양도시인 소치에 동계 올림픽을 유치하기 위해 막대한 예산을 들였다. 또, 러시아의 경제가 성장하자 대도시를 중심으로 외국계 호텔들이 늘어나며 숙박 인프라와 서비스 품질도 개선되고 있다.

2010년 한국의 롯데호텔도 모스크바 시내 한가운데 특급 호텔을 개장했다. 또한 이즈음부터 영문 관광 안내판들이 눈에 띄게 늘었고, 휴가철마다 도심 곳곳에 외국어를 구사하는 청년 봉사자들이 배치되기 시작했다.

코로나도 전쟁도 없었던 2019년, 러시아를 방문한 외국인 여행객 수는 510만 명이었는데, 국가별로 살펴보면 중국(150만), 독일(53만), 한국(41만), 미국(24만), 이스라엘(20만), 이탈리아와 프랑스(15만), 영국(13만), 스페인(11만), 일본(8만) 순이다.

이들이 주로 찾은 도시는 소련의 이색적인 사회주의 감성과 현대 러시아의 역동성이 묻어나는 모스크바, 화려했던 제정 러시아의 역사와 문학예술 거장들의 흔적이 고스란히 남아 있는 상트페테르부르크, 동계올림픽을 치른 러시아 대표 휴양지 소치, 바이칼 호수를 품은 이르쿠츠크, 그리고 '2시간 만에 가는 유럽' 블라디보스토크 등이다.

코로나19 이전 몇 년간 러시아에는 한국 관광객들이 빠르게 늘어났다. 그 이유로 먼저 2014년 양국 간 관광비자가 면제되었고, 대러 제재 및 유가 하락에 따른 루블화 가치 폭락으로 러시아 여행이 저렴해진 것을 꼽을 수 있다. 특히, 2016년경부터 국내 방송사와 유튜버들이 러시아 여행을 자주 다룬 것도 큰 영향을 주었다.

프랑스, 영국, 일본처럼 인기 여행지는 충분히 가봤지만 아프리카나 남미를 가기는 다소 부담스러운 이들에게 러시아는 적당히 흥미로운 여행지로 주목받았다. 특히 휴가가 짧은 우리나라 직장인들에게 블라디보스토크는 3~4일 일정으로 유럽을 간접 체험할 수 있는 대안으로 떠올랐다. 성수기에는 블라디보스토크행 여객기가 하루에 10대 이상 뜰 정도로 그 인기가 대단했다.

다만 러시아 여행에 앞서 여전히 마음의 준비는 필요하다. 먼저 호텔의 가성비가 낮아서 숙소만 보면 "내가 이 돈 내고 시간 들여 여기를 왜 왔나" 할 수도 있다. 또 나라가 너무 넓다 보니 관광지 간 거리가 꽤 멀고, 도심에서 조금만 벗어나면 도로 상태가 열악해 이동이 만만치 않다. 러시아 작가 니콜라이 고골Nikolai Gogol'이 "러시아에는 두 가지 불행이 있다. 바로 바보와 도로다"라는 말을 남겼을 정도이니 말이다. 깨끗하고 세련되면서 아기자기한 아름다움보다는 고전적인 느낌과 레트로 감성이 나면서 사람 사는 정과 웅장한 아름다움을 느끼기에 좋은 곳이 러시아다.

## 세계에서 제일 긴 시베리아 횡단철도

일본 만화 중 "은하철도 999"라는 명작이 있다. 엄마를 잃고 기계 인간이 되어 영생을 얻으려는 소년 철이와 비밀에 싸인 여인 메텔Metel이 우주 기관차를 타고 은하계를 모험하며 인간의 본성에 대해 고찰하는 내용이다. 그런데 자세히 보면 이 "은하철도 999"에는 러시아 코드가 묻어 있다.

먼저 금발에 하얀 피부, 또렷한 이목구비와 큰 키의 메텔은 동양에서 생각하는 전형적인 러시아 여인의 모습이다. 모피 코트와 모자를 쓴 그의 복장은 마치 제정 러시아의 귀족 여인을 재현하는 듯하다. 메텔은 러시아어로 눈보라를 뜻한다. 그리고 러시아에는 9,288km의 세계에서 가장 긴 철도인 시베리아 횡단철도가 있다.

이에 더해, 대륙을 향한 일본 사회의 오랜 갈망과 러시아 문화에 대한 관심을 생각하면 더욱 신빙성 있어 보인다. 그렇다면 6박 7일 만에 유라시아를 가로지르는 이 글로벌 교통인프라는 어떻게 생겨

낮을까?

1830년대 러시아 서부의 중심지와 일부 공업지대에 철도가 건설되었다. 이때도 시베리아 철도에 대한 구상은 있었지만, 극복 불가능한 대자연으로 인식된 곳에 최신식 인프라인 철도를 놓자는 말은 힘을 얻지 못했다. 하지만 러시아는 1850년대 크림전쟁에서 패배하며 개혁 조치들을 단행했다. 그 일환으로 그간 러시아 서부에 각자 난립해 있던 철도들을 서로 연결하는 철도망 구축에 착수했다.

이어 1860년 연해주 일대가 러시아에 편입되고 철도 건설의 노하우가 쌓이자 철도망을 러시아 전역으로 확장하자는 논의가 나왔다. 그리고 1891년 5월 우랄산맥 동쪽의 첫 도시 첼랴빈스크 Chelyabinsk와 태평양의 항구도시 블라디보스토크를 잇는 시베리아 횡단철도 착공식이 거행되었다. 이 메가 프로젝트가 완성되면 제

시베리아 횡단철도 초기 및 수정 노선

정 러시아는 병력과 물자를 전역에 신속히 이동시킬 수 있고, 시베리아 지역의 경제적 발전을 촉진하여 아시아에 큰 영향력을 행사할 것으로 예상되었다.

하지만 험준한 산과 거대한 강, 그리고 빽빽한 삼림을 가로질러 철로를 놓는 일은 쉽지 않았다. 1년 중 절반은 혹독한 추위가 몰아치고, 날이 풀리면 눈과 얼음이 녹아 물이 범람해 공사 구간이 유실되는 악조건에서도 작업은 계속되었다.

같은 시기 청일전쟁(1894-1895)에서 승리한 일본이 요동 반도를 차지하려 하자, 러시아는 서방 국가들과 이른바 삼국간섭Triple-Intervention으로 이를 저지했다. 이를 명분으로 러시아는 부동항을 향한 최단 출구를 확보하기 위해 청나라로부터 요동반도의 대련과 여순을 조차지Leased Territory로 받고 만주의 철도 부설권까지 얻어냈다.

이렇게 1897년 착공한 만주 횡단철도TMR는 러시아 치타Chita에서 하얼빈을 거쳐 블라디보스토크 인근으로 연결되었다. 그리고 1901년에 드디어 당시 수도인 상트페테르부르크에서 우랄 산맥을 넘고 시베리아와 만주를 거쳐 블라디보스토크까지 이어지는 철도망이 완공되었다. 단, 이 때만 해도 시베리아에 있는 바이칼 호수를 건널 때는 철로가 아니라 증기선에 기차를 넣어 반대편으로 넘어가야 했다.

문제는 그 이후 발생한 러일 전쟁(1904-1905)이었다. 일본에게 패하고 대련과 여순을 내준 러시아는 향후 만주 횡단철도 전체를 빼앗길 수도 있다는 위협을 느꼈다. 결국 험준한 바이칼 호수 주변을 우회하는 철로를 서둘러 완공했고 1907년부터 원래 계획대로 러시아 영토 내로만 치타에서 아무르강 유역을 따라 하바롭스크 Khabarovsk에 이르는 철도 공사를 시작했다.

러시아는 제1차 세계대전에 참전해 나라가 쓰러져가는 상황에서도 공사를 계속했다. 그리고 제정 러시아가 몰락하기 1년 전인 1916년 최대 난코스인 하바롭스크 진입 철교를 완성하며 25년 만에 진정한 의미의 시베리아 횡단철도를 완공했다.

시베리아 횡단철도는 완공된 직후부터 역사의 중심에 있었다. 제1차 세계대전 중 조국 독립을 위해 제정 러시아군에 가담했던 체코 군단은 러시아에 사회주의 혁명과 내전이 일어나자 횡단열차를 타고 수많은 전투를 겪으며 우크라이나에서 블라디보스토크까지 이동해 조국으로 돌아갔다. 제2차 세계대전 기간에는 이 철로를 통해 소련 전역에서 징집된 청년들이 전장으로 나갔고, 전방의 산업시설들은 후방으로, 또 후방에서 생산된 물자는 전방으로 옮겨졌다.

시베리아 횡단철도는 우리 근대사와도 연관이 있다. 1907년 고종의 밀서를 받고 만국평화회의가 열리는 네덜란드 헤이그Hague로 향하던 이준과 이상설, 1936년 올림픽 참가를 위해 독일 베를린으로 가던 마라토너 손기정과 남승룡, 그리고 1937년 연해주에서 중앙아시아로 강제 이주를 당했던 17만여 명의 고려인 동포들도 모두 이 길을 따라갔다.

# 러시아 극동, 영원한 기회의 땅

극동Far East이라는 단어는 우리에게 낯설지 않다. 방송국, 대학교, 건설회사 등의 이름으로 오랫동안 접해 왔기 때문이다. '극동(Far East)'의 어원은 대영 제국이 자신을 중심으로 지역을 구분하며 유럽에서 동쪽으로 가장 멀리 있는 동아시아를 가리키는 데서 나왔다. 지극히 유럽 중심적 단어이다. 그럼 모스크바 중심적인 냄새가 물씬 나는 '러시아 극동(Russian Far East)'은 어디일까?

동유럽의 가장 변두리에 있던 러시아는 16세기 중반부터 동쪽으로 팽창하며 우랄산맥 너머의 거대한 땅을 모두 시베리아로 불렀다. 하지만 영토가 아시아 끝까지 확장되자, 지역을 세분화하기 위해 태평양과 인접한 지역을 '러시아 극동'이라 부르게 되었다. 2000년 푸틴 대통령 취임 직후 러시아 전역을 연방관구로 분류하게 되면서 일반적으로 러시아 극동은 '극동 연방관구'와 같은 의미로 쓰인다.

극동 연방관구의 대표적인 특징을 살펴보자. 첫 번째로 엄청난 면적과 험한 자연이다. 극동은 러시아 영토의 41%를 차지하며, 한반도의 31배에 달한다. 11개 광역 지자체 중 가장 넓은 사하공화국의 면적은 세계에서 7번째로 큰 인도와 비슷하다. 하지만 이곳은 야생의 땅으로 인식되어 왔다. 실제로 지형도 험준한 데다 북쪽으로 가면 활화산도 많다. 영하 77.8도까지 찍으며 세계에서 가장 추운 마을로 알려진 오이먀콘Oimyakon 역시 러시아 극동에 있다.

두 번째는 희박한 인구다. 이렇게 넓은 땅에 거주하는 인구는 고

극동 연방관구 11개 광역 지자체 (출처: wiki)

작 800만 명(5.5%)도 안 된다. 제정 러시아와 소련 시기에는 정부의 주도로 인구가 유입되었으나 소련 해체 이후 급감하고 있다. 이처럼 집적 이익을 기대하기 어렵다 보니 인프라 투자와 지역 발전에 어려움이 많다.

세 번째는 풍부한 천연자원이다. 러시아 극동은 석유, 가스뿐만 아니라 금과 다이아몬드 생산지이기도 하다. 끝없이 펼쳐진 숲은 막대한 양의 목재를 제공한다. 이외에도 베링해와 오호츠크해는 세계 4대 어장 중 하나인 북서태평양 어장에 속한다. 이곳이 바로 우리가 즐겨 먹는 명태와 킹크랩의 고향이다.

끝으로 러시아 극동은 지리적으로 완벽한 아시아다. 서양식 건물들이 즐비한 이곳은 언뜻 보면 유럽의 얼굴을 하고 있다. 하지만 200여 년 전만 해도 이곳은 러시아 영토가 아니었다. 이 지역 원주민은 우리와 외모가 유사한 북방계 아시아인이며, 산세와 지형, 동

142

식물 그리고 토착 문화의 흔적은 아시아의 정취를 물씬 풍긴다.

땅도 넓은 러시아가 왜 이런 격오지 개발에 관심을 기울일까? 먼저 인구를 증가시켜 지역 사회의 붕괴를 막기 위함이다. 이곳과 접경하는 중국 동북 3성의 인구는 1억 명이고, 남북한을 합한 한반도는 7천만 명이 넘고, 바다 너머 일본도 1억 2천만 명을 웃돈다. 고작 800만 명밖에 살지 않는 러시아 극동이 무엇보다 인접한 중국에 의해 경제적으로 잠식될 가능성을 배제할 수 없다.

또 다른 이유는 아시아와의 협력 확대로 유럽에 치중된 대외관계에 균형을 잡기 위함이다. 크렘린은 러시아 극동을 동북아 협력의 물리적 공간으로 활용하고, 덤으로 지역 발전도 이루겠다는 전략을 세우고 있다.

2014년 이래 국제유가가 회복되지 않자, 중앙정부는 긴축 재정을 통해 극동개발 예산을 삭감했다. 대신 이 지역에 관심을 가져온 한·중·일 등 외국 기업의 참여를 유도하기 위해 투자유치와 지역 개발 담당 기관을 신설하고, 경제특구를 지정하는 등 적극적인 정책을 펼치고 있다.

러시아 극동 개발에 가장 적극적인 나라는 역시 중국이다. 러시아 극동에서 천연자원 개발 외에 농업, 수산물 양식, 목재 가공 등에 진출한 중국 자본이 외국인 직접투자의 70%를 차지한다. 하지만 이것은 러시아가 기대하던 이상적 시나리오는 아니다. 중국에 의한 지역 잠식의 위협을 느끼는 러시아가 한국과 일본의 투자를 내심 더 바라는 이유도 여기에 있다.

그럼에도 러시아와 중국의 협력이 상대적으로 수월한 이유는 양국 모두 정부가 경제를 주도하고 있기 때문이다. 러시아와 중국 기업들은 리스크가 크고 경제성이 작더라도 정부의 결심이 있으면 뛰어들 수 있다. 심지어 몇 년간 결과가 안 나와도 기다릴 수 있다. 반면 사기업 중심의 한국과 일본은 수익성이 웬만큼 보장되지 않는 이상 리스크가 크면 일단 거른다. 이에 더해 많은 사기업의 경우 수년 안에 성과가 안 나오면 기다려주지 않는다. 결국 합이 잘 맞으면서 미국의 눈치도 안 보고 러시아에 큰돈을 투자할 수 있는 건 중국뿐이었다.

그렇다면 향후 러시아 극동이 동북아 국제협력의 공간으로 떠오를 수 있을까? 솔직히 말하면 쉽지 않다. 협소한 배후시장, 빈약한 인적 자원, 낙후된 인프라, 저렴하지 않은 물류비와 인건비 등은 큰 약점이다. 이에 더해, 러시아 극동에 대한 주변국과 러시아의 시각차도 있다. 러시아는 극동을 기회의 땅으로 홍보하지만, 주변국이 보기에 기회는 다른 곳에도 많다.


## 아시아를 향한 창

제정 러시아의 황제였던 표트르 대제는 신분을 숨기고 유럽을 돌며 선진 문물을 직접 배워왔다. 그리고 1703년 '문명 세계'로 나가고자 했던 열망을 담아 서쪽 끝에 '유럽을 향한 창' 상트페테르부르크를 만들고 수도를 이전했다. 이곳은 군사, 경제, 예술 발전의 전진 기지가 되었고, 제정 러시아는 열강의 한 축으로 성장했다. 이 모든 기틀을 마련한 표트르 대제는 러시아에서 가장 위대한 황제로 기억된다. 그리고 300여 년 후인 지금 푸틴 대통령은 한반도와 러시아, 일본 그리고 중국이 만나는 블라디보스토크에서 '아시아를 향한 창'을 내려고 한다.

블라디보스토크는 19세기 중반 아편전쟁 결과로 체결된 베이징 조약(1860)에 따라, 연해주 일대가 러시아에 편입되면서 설립된 도시다. 비록 처음에는 군항으로 시작했으나, 상하이, 나가사키와 연결된 전신용 해저 케이블 부설, 상트페테르부르크 정기선 운항, 시베리아 횡단철도 건설로 물류와 상업의 중심지로 점차 성장할 수 있었다.

하지만 1917년 사회주의 혁명 직후에는 일본, 미국, 영국 등 외국군에 점령을 당하면서 나라가 강할 때는 진출 기지, 약할 때는 적군의 침략 통로로 쓰이는 항구의 전형적 모습을 보였다. 이후 1959년 미국을 다녀온 니키타 흐루쇼프Nikita Khrushchyov 서기장이 "블라디보스토크를 제2의 샌프란시스코로 키우겠다"며 호언장담했지만, 태평양 함대 사령부가 위치한 핵심 군사 지역으로서 1991년까지 40년 간 외국인 출입이 금지되었다.

하지만 "부동산은 첫째도 입지, 둘째도 입지"라 했듯 블라디보스토크는 러시아 극동개발의 전진 기지가 될 운명이었다. 대륙과 해양을 잇는 관문이자 러시아 유일의 부동항인 이곳은 출입제한이 풀리자 그린벨트가 해제된 노른자 땅처럼 큰 주목을 받았다. 또, 러시아에서 한·중·일 경제발전의 낙수 효과를 가장 명확하게 느낄

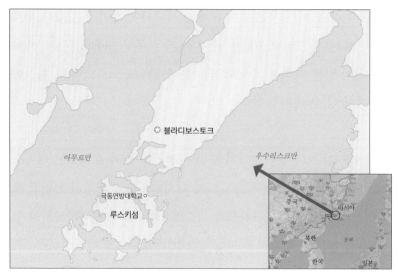

블라디보스토크

수 있는 곳이기도 했다. '동방을 정복하라'는 뜻을 지닌 이 도시는
현재 극동 연방관구의 행정수도이자 연해주의 주도로 발전했다.

푸틴은 대통령 첫 취임 직후부터 러시아 극동 발전을 목표로 사
업들을 추진했다. 러시아가 가장 잘하는 유전 및 가스전 개발을 하
고 인프라 건설에도 큰돈을 들였다. 하지만 이 지역의 면적이 워낙
넓어 예산을 많이 투입해도 티가 안 나고 일자리 파급 효과도 적었
다. 결국 이 천문학적 액수가 들어가는 사업을 지속하려면 당장 눈
에 보이는 성과를 보여줘야 했다. 즉, 선택과 집중이 필요했다.

2007년 푸틴 대통령은 2012 APEC(아시아태평양 경제협력체) 정상
회담 개최지를 블라디보스토크로 정했다. 이후 크렘린은 10여 년
간 이곳에 수십조 원을 투입해 공항, 연륙교, 국제회의장, 국립거점

대학교, 수족관, 카지노, 호텔 등을 건설하며 완전히 새로운 도시로 만들어놓았다.

2015년부터는 블라디보스토크에서 매년 동방경제포럼Eastern Economic Forum을 개최하면서 국내외 투자자들을 러시아 극동으로 불러들이고 있다. 특히 섬에 위치해 경호도 유리하고 국제회의장과 호텔까지 갖춘 극동연방대학교Far Eastern Federal University는 블라디보스토크에서 진행되는 국제행사 대부분을 소화하고 있다. 2019년 푸틴과 김정은이 정상회담을 가진 곳도 바로 이곳이다.

지난 10년 사이 블라디보스토크가 핫플레이스로 떠오르긴 했지만, 러시아 극동의 전통적 중심은 하바롭스크였다. 시베리아 영토 확장의 전진 기지이자 내륙에 있어서 상대적으로 방어에 유리하고 아무르강이 흘러 산업 발전에도 적합했기 때문이다.

한편 푸틴은 2018년 12월 극동 연방관구의 행정수도를 하바롭스크에서 블라디보스토크로 이전했다. 이러한 결정의 배경에는 러시아 극동에 대한 중앙의 인식 변화가 있다. 즉, 이제는 '주변의 침입에서 보호할 지역'이 아니라 '아시아와 태평양으로 나가기 위한 교두보'로 보게 된 것이다.


## 한반도에 꽂은 빨대

한반도의 가장 북동쪽, 즉 토끼의 귀 끝이자 호랑이 오른쪽 앞발의 새끼발톱 부분은 러시아, 북한, 중국이 서로 국경을 맞대는 곳이다. 재밌는 것은, 이곳을 조금만 멀리서 보면 러시아와 북한이 두만강을 사이에 두고 겨우 17km에 걸쳐 접경하는데, 이것이 동해를 향해 날카롭게 뻗은 중국의 출구를 단단히 막고 있다는 점이다. 지척에서 동해를 바라봐야만 하는 중국 입장에서는 통탄할 일이다.

러시아 측 국경 도시 하산Khasan은 인구 600명의 작은 마을로 출입하려면 국경수비대의 허가가 필요한 지역이다. 특히 하산역은 러시아에서 북한으로 넘어가기 전 마지막 역으로 이용객은 대부분 외화벌이를 위해 러시아를 오가는 북한 노동자들이다.

북한 측에서 러시아, 중국과 가장 가까운 국경 도시는 나선특별시이다. 과거에는 나진시와 선봉군으로 별개의 행정구역이었으나, 자유경제무역지대로 지정된 후 나진-선봉시로 통합되었다가 나선특별시로 승격되었다. 한편 이곳 항구는 과거의 나진항이라는 이름을 유지하고 있다.

이 일대는 세 나라가 접경하는 특이한 지역이지만, 인구도 적은데다 별다른 산업시설도 없어 대중의 관심을 끌지 못했다. 그러다 2013년 9월 러시아 하산역에서 북한 나진항까지 이어지는 철도가 개통되면서 '나진-하산 프로젝트'라는 이름으로 국내 언론에 여러 차례 소개되었다. 당시 이 사업의 주목적은 러시아가 54km 길이의 나진-하산 철도와 나진항 3번 부두를 현대화해 시베리아의 석탄을 북한으로 운반한 후, 배로 주변국에 수출하는 것이었다.

나진-하산 프로젝트는 여러모로 우여곡절이 많은 사업이었다. 2001년 평양에서 만난 김정일과 푸틴은 시베리아 횡단철도TSR와 한반도 종단철도TKR 연결에 합의했다. 그리고 북한 철도의 실태를 파악한 러시아는 2006년 한국에 사업 참여를 제안했다. 2007

북중러 국경

년 한국은 합작회사 설립에 관한 양해각서를 체결했지만, 2008년 북한의 핵개발 위협과 금강산 관광객 피살사건으로 사업은 중단되었다.

러시아는 한국의 참여로 리스크 분산과 사업 활성화를 기대했다. 하지만 2009년 3월 개성공단 근로자 억류, 2009년 5월 북한의 2차 핵실험과 2010년 3월 천안함 폭침 사건까지 발생해 한국은 자체적 대북제재인 5·24 조치로 북한과의 경제교류를 중단했다.

한편 2008년 4월 러시아는 북한과 나진-하산 철도 개보수, 나진항 컨테이너 터미널 건설 및 이용에 관한 협정을 체결했다. 같은 해 6월, 러시아 철도공사와 북한 철도성은 7대3의 비율로 합작법인 라손콘트란스RasonConTrans를 설립했고 10월에는 착공식까지 진행했다. 법인명은 나선특별시Rason, 컨테이너Container, 운송Transfer을 붙여 만든 것이다.

북한은 철도 및 부두 건설에 필요한 토지와 노동력을 제공했다. 러시아는 소요되는 모든 비용을 혼자서 부담했고, 소련 시절 북한에 빌려줬던 110억 달러도 탕감해줬다. 그리고 마침내 2013년 9월 나진항과 하산을 잇는 철도가 개통되었다.

2013년 출범한 박근혜 정부는 '유라시아 이니셔티브'를 내세우며 그사이 완공된 나진-하산 철도에 주목했다. 이어 같은 해 11월에는 5·24 조치 대상에서 나진-하산 프로젝트를 제외시키고 사업 참여 의사를 밝혔다. 실제로 나진-하산 철도를 통해 러시아산 석탄을 수입하는 시범 사업도 몇 차례 진행했다.

하지만 2016년 1월 북한의 제4차 핵실험으로 한국은 다시 사업 중단을 선언했다. 이후에도 북한은 2017년 말까지 몇 달 간격으로 핵실험과 미사일 발사 등 무력도발을 자행하여 한국을 비롯한 주변국들을 위협했다. 국제사회는 UN 안보리를 통해 대북 제재의 수위를 높였고, 북한의 해외자금 동결 외에도 수출 품목을 제한하는 등의 조치를 취했다. 그런데 문제는 석탄이었다.

러시아 입장에서는 북한에게 빚도 털어주고 자기돈으로 철도, 항구까지 다 새로 해줬는데, 북한이 자꾸 문제를 일으키니 난감할 노릇이었다. 결국 러시아는 UN 안보리 상임이사국 지위를 이용해 대북 제재의 수위가 높아질 때마다 나진-하산을 통한 러시아산 석탄 수출은 제재 대상에서 제외시켜왔다.

그런데 이번엔 한국이 독자적으로 제재를 발동했다. 그 결과 북한에 정박한 이력이 있는 선박은 1년 동안 한국으로 올 수 없게 되었다. 북한산 석탄이 섞여서 들어올 수 있는 '뒷구멍'을 막은 것이다. 물론 문제가 없는 러시아산 석탄은 지금도 연해주의 항구들을 통해서 계속 한국에 수입되고 있다.

러시아가 이토록 이 사업에 진심인 이유는 나진-하산 철도가 한반도에 꽂은 소위 '빨대'이기 때문이다. 그것도 아주 힘겹게 말이다. 소련 해체 이후 러시아는 동맹 국가였던 북한을 뒷전에 두고 약 10년간 대규모 경제 지원을 기대하며 한국과 가까워지려 노력했다. 한편, 한국에서는 북한 문제에 있어 러시아가 우리 편을 들어줄 것이라 기대했다.

결과적으로 두 나라는 모두 동상이몽 속에 기대와 현실의 차이를 실감하며 원하던 성과를 내지 못했다. 무엇보다 러시아는 북한에 대한 영향력이 있어야 한국과 여러 측면에서 딜을 하기 수월하다는 사실을 깨달았다. 러시아가 나진-하산 프로젝트에 거액을 태우고 한국을 참여시켜서 어떻게든 성과를 만들어보려 했던 것 역시 같은 연장선에서 바라볼 수 있겠다.

## 오가는 현찰 속에 싹트는 우정

2020년은 한국과 러시아의 외교관계 수립 30년이 되는 해였다. 두 나라의 관계는 나름대로 발전적이었다. 양국 간 교역액은 수교 첫해인 1990년에는 10억 달러도 채 되지 않았지만, 2019년에는 223억 달러를 달성했다. 30여 년 사이에 23배 이상 늘었다. 냉전 시기에는 왕래도 어려웠던 두 나라의 상호 방문객 수는 같은 기간 3만 명에서 77만 명까지 증가했다.

그 사이 한국 기업들도 러시아에 성공적으로 자리 잡았다. 2019년 러시아의 '브랜드 TOP 10'에 한국 기업 두 곳이 선정되기도 했다. 갤럭시 스마트폰의 삼성과 가전 시장을 장악한 LG가 각각 1위와 9위를 차지했다.

같은 해 러시아에서 판매된 자동차 5대 중 1대가 현대차와 기아차였고, 경동나비엔 보일러는 수년째 러시아 난방기기 국민 브랜드 1위를 수성 중이다. 그밖에 사각 용기 컵라면 도시락, 우유를 섞어 만든 탄산음료 밀키스, 마시멜로우 품은 초코파이 등이 러시아에서 스테디셀러로서 입지를 굳힌 지 이미 오래다. 최근에는 한국 화장품까지 아주 선풍적인 인기를 끌고 있다.

2000년대 들어 러시아의 경제가 성장함에 따라 한국은 자동차와 전자제품을, 러시아는 석유, 가스, 석탄 등 에너지 자원을 서로 수출하며 균등한 무역수지를 유지해왔다. 하지만 2014년 러시아의 크림반도 합병 이후 러시아 소비시장 위축, 러시아산 석유·가스 수입 증가, 우리 기업의 현지 생산 확대로 한국의 대러 무역은 큰 적자를 보고 있다.

한러수교 이후 30년 동안 한국과 러시아의 상호 투자액은 약 29억 달러다. 그런데 한국이 러시아에 28억 달러를 투자한 반면 러시아는 한국에 0.7억 달러를 투자했다. 40분의 1 수준이다. 왜 그럴까? 이는 각자 잘하는 업종의 특성에서 기인한다. 한국 기업들의 주특기는 제조업이다. 제조업은 배후 시장과 노동력, 물류 입지와 교통 인프라, 세금 절감 등을 찾아 들어가는데, 이 조건들은 제도를 통해 극복할 여지가 있다. 즉, 한국은 리스크를 최대한 줄인 후 러시아에서 제조업을 할 수 있다.

반면, 러시아가 잘하는 에너지 채굴업은 할 수 있는 곳이 정해져 있다. 애초에 석유나 가스가 없으면 부처님의 할아버지가 와도 캐낼 것이 없으니, 그 조건이 매우 고정적이다. 즉, 러시아는 한국에서 에너지 채굴업을 할 수 없다. 러시아의 해외 투자 금액 상당수는 사이프러스Cyprus나 버진 아일랜드Virgin Island 같은 조세 회피지역을 통하는데, 이중 러시아로 되돌아가는 몫을 제외한 나머지는 CIS·남미·중동의 유전과 가스전에 재투자된다.

한국이 러시아에 투자한 분야는 제조업(전자제품, 자동차, TV, 식품 등)을 중심으로 숙박업, 유통업, 농업 등 다양하다. 1990년대 가장 대표적인 투자 사례는 블라디보스토크 현대호텔(現 롯데호텔)이다.

1997년 故정주영 회장은 서울의 계동 사옥과 똑같이 생긴 호텔을 블라디보스토크에 건설했다. 이후 이곳은 블라디보스토크를 방문하는 각국 VIP들의 숙소이자 주요 행사의 무대로 애용되며 랜드마크로 자리 잡았다.

러시아 경제가 살아나던 2000년대에는 제조업 투자가 급증했다. 특히 2006~2010년 사이 상트페테르부르크에 현대자동차, 칼루가주에 삼성전자, 모스크바주에 LG전자와 도시락 컵라면을 만드는 팔도, 트베리주와 노보시비르스크주에 초코파이를 만드는 오리온 등의 공장이 세워졌다. 또 롯데백화점과 호텔은 모스크바 지점을 개장했고, 현대중공업이 연해주에서 농장을 인수했으며 현재는 롯데상사가 이를 운영한다.

2010년대에는 "담배로 잃은 건강, 홍삼으로 되찾자"는 KT&G와 매년 11월 11일 축제를 벌이는 롯데제과가 칼루가주에 공장을 건설했다. 냉동만두 업계에 혁명을 일으킨 CJ제일제당은 상트페테르부르크에서 러시아 맞춤형 만두 생산에 착수했다. 그리고 현대중공업은 러시아의 전력망 현대화에 필요한 고압차단기 공장을 세웠는데, 서부에 자리를 잡은 대다수 기업들과 달리 연해주를 선택했다.

이들 중 어떤 곳은 황금알을 낳는 거위가 되었고, 일부는 예상치 못한 변수로 인해 제대로 가동도 못 해보고 사업장을 매각한 경우도 있다. 한편 우크라이나 전쟁 이후 러시아에 있는 한국 기업들은 냉랭해진 양국 관계처럼 혹한기를 지나고 있다.

앞서 언급한 것처럼 한국은 북방외교, 유라시아 이니셔티브, 신북방정책 등 시기마다 다른 이름으로 러시아와의 관계 확대를 끊임없이 추진해왔다. 러시아 역시 세계 경제의 새로운 구심점으로 떠오르는 아시아와의 협력 확대를 지속적으로 모색하고 있다.

무엇보다 한국은 미국과 중국에, 그리고 러시아는 유럽과 중국에 집중된 '대외경제 관계 다변화'라는 유사한 목표가 있다. 특히 한국에 있어 러시아는 중동, 호주, 중국 등에 의존하는 에너지 및 원자재 수입처의 대안으로서, 러시아에게 한국은 연해주 등 극동 지역 개발과 그토록 원하는 제조업 발전을 위한 파트너로 역할을

154

해주길 기대하고 있다.

　한국과 러시아의 경제관계는 둘 사이의 이슈보다도 국제사회와 동북아 정세의 영향을 유달리 많이 받는다. 하지만 이를 둘러싼 여건은 끊임없이 변하기 마련이다. 부정적일 때도 있지만, 긍정적일 때도 있다. 그러니 갑자기 송금이 막히고, 비행기 노선이 닫히고, 수출이 금지되어도 슬퍼하거나 노여워하지 말아야 한다. 기쁜 날은 반드시 오고야 말 것이기 때문이다.

# 제4장. 러시아인은 무엇으로 사는가?

문화란 무엇일까? 대한민국 문화기본법은 문화를 "문화예술, 생활 양식, 공동체적 삶의 방식, 가치 체계, 전통 및 신념 등을 포함하는 사회나 사회 구성원의 고유한 정신적·물질적·지적·감성적 특성 의 총체"로 정의하고 있다.

문화의 고유성은 이러한 다양한 특성들이 자기만의 조합을 이루며 형성된다. 러시아에서 일어나는 현상들은 러시아 문화의 고유성을 반영하고 있다. 러시아인은 다른 나라 사람들과 구별되는 고유한 문화적 특성 즉 경향성이 있기 때문에 러시아인이라고 불린다. 한 사회의 구성원들이 한 시대를 함께 살아가면서 공통된 심리적 특성을 발전시키고, 그 특성들이 상호작용해 결국 한 사회의 문화적 특성을 만들어낸다.

러시아에 대해 하나도 모르는 사람도 러시아가 '문화와 예술이 발달한 나라'인 줄은 안다. 우리가 러시아를 그렇게 인식하고 있는 것은 어디선가 한번쯤 그런 얘기를 들어봤기 때문이다. 그것이 비록 기능적인 앎이라 해도 그 사실에 대한 반박의 여지는 없을 것이다.

오늘날 대한민국은 전 세계적으로 인정받는 문화예술계, 체육계 인재들을 배출하고 있다. 그렇지만 소수의 뛰어난 체육인과 문화예술인을 보유했다고 해서 우리가 지향하는 '문화 강국', '예체능 강국' 타이틀을 달기에는 아직 부족하다.

소수의 인재는 어느 나라나 존재한다. 게다가 글로벌 시대에 특정 출신지는 더 이상 큰 이점으로 작용하지 않는다. 역량과 기량 측면에서 종주국과 비종주국의 우열을 가리기가 어렵다. 과거와 달리 러시아의 예체능 천재들이 부각되지 않는 이유도 이 때문이다.

그럼에도 불구하고 러시아가 문화예술 강국으로 인식되는 이유는 진입 장벽이 낮고 문화 소비자의 수준이 상대적으로 높다는 점에 있다. 그 수준은 문화를 향유하는 사람들의 태도에서 엿볼 수 있다. 공연을 보러 갈 때 남성은 정장 또는 세미 정장, 여성은 드레스 등을 갖춰 입는다. 한겨울에도 1층 로비에 코트를 맡긴 후 별도로 챙겨간 신발로 갈아 신고 입장한다. 무엇보다 비쌀 것만 같은 클래식 콘서트, 발레, 오페라 공연은 부담 없는 관람료 덕분에 대중문화의 일부로 자리 잡고 있다.

제4장은 러시아의 사회, 문화, 예술 이야기로 구성되어 있다. 먼저 정치, 관료, 경제, 사회, 노동, 젠더 등 6가지 키워드를 중심으로 러시아 사회와 그 구성원을 관찰해볼 것이다. 문화 부문에서는 러시아인을 둘러싼 물질세계와 정신세계를 자세히 들여다볼 예정이

다. 러시아인은 무엇을 먹고 마시고, 듣고 말하고, 보고 믿을까?

예술 이야기도 빼놓을 수 없다. 모든 예술은 그 형식에 따라 시간예술, 공간예술, 종합예술로 구분할 수 있다. 이 같은 형식적 논리에 입각해 예술 파트는 러시아의 음악, 문학, 영화, 미술, 발레 이야기로 구성하였다.

## 러시아식 민주주의

1963년 미국의 정치학자 가브리엘 알몬드Gabriel A. Almond와 시드니 버바Sidney Verba는 3가지 정치 문화 유형을 제시했다. 그 이론에 따르면 개인의 정치 참여 수준에 따라 정치 문화를 향리형, 신민형, 참여형으로 구분할 수 있다.

향리형 문화는 원시·봉건국가와 같은, 정치적 역할이 미분화된 전통 사회에서 나타나는 유형이다. 구성원들은 자신이 살고 있는 지역이나 속해 있는 부족 이외에는 정치 공동체에 대한 명확한 의식이 없어 참여에 소극적이다. 반면 참여형은 구성원들이 자신의 의사와 이익을 정책에 반영하기 위해 적극적인 정치 참여자로 활동하는 유형이다.

소련의 중앙집권적 권위주의 문화를 그대로 계승한 러시아와 구소련 지역은 대부분 신민형 정치 문화를 유지하고 있다. 이 유형은 강한 공권력을 기반으로 권위에 대한 복종과 규범 준수를 우선시한다. 대부분의 독재 국가가 지향하는 "정권에 복종할 의무는 있으나 정치에 참여하거나 영향을 줄 수 없는" 체제다. 그렇다면 러시아는 독재 국가일까?

러시아는 소련 해체 이후 민주주의를 표방하고 있다. 그것이 서방식 자유 민주주의인지, 러시아식 주권 민주주의인지는 논외로 하고, 민주주의에 대한 보편적 정의는 "국민의 기본권을 보장함으로서 인간의 존엄성을 이루는 체제"다.

여기서 기본권은 헌법에 의해 보장되는 기본 권리를 말한다. 나라마다 기본권의 종류는 조금씩 다르지만 참정권, 자유권, 평등권은 모든 헌법에 공통적으로 명시되어 있다. 결국 문제의 핵심은 그 기본권이 실질적으로 보장되느냐 아니면 문구로만 존재하느냐는 것이다.

먼저 러시아의 참정권부터 살펴보자. 모든 국민은 선거권과 피선거권을 통해 직간접적으로 국정에 참여한다. 정당한 선거권이 보장되려면 공정한 선거 과정이 전제되어야 한다. 한편 러시아는 선거철마다 부정투표 의혹에 휘말리며 여러 국제 선거감시단의 지적을 받아 왔다.

피선거권은 법률이 정한 최소한의 요건을 갖춘 국민이라면 누구나 국가기관의 구성원으로 선출될 수 있는 권리다. 러시아 선거법에 따르면 선거 출마자는 지역 유권자의 서명을 일정량 확보해 선거관리위원회에 신고해야만 입후보할 수 있다.

예를 들어 러시아 연방 하원 선거에 나서려면 3% 이상의 지역 유권자 서명을 얻어야 한다. 대통령 선거 출마자는 최소 30만 명의 지지서명을 필요로 한다. 최소한의 서명을 확보하지 못하거나 선관위가 서명 자료를 불인정하면 후보 등록 자체가 불가능하다. 이러한 요건들은 정부와 집권여당을 견제할 만한 야당 세력과 잠룡의 등장을 가로막고 있다.

그렇다면 러시아의 민주주의 지수는 어떨까? 2020년 1월 영국의 이코노미스트 정보분석기구Economist Intelligence Unit가 각국의 민주주의 실태조사를 통해 발표한 순위에 따르면 167개국 중 러시아는 134위를 차지했다. 대한민국은 아시아 지역에서 가장 높은 23위를 기록했고 일본(24위)과 미국(25위)이 그 뒤를 이었다.

다음은 자유권이다. 자유권에는 생명권, 주거권, 이동의 자유, 학문과 예술의 자유, 종교의 자유, 직업선택의 자유, 표현의 자유 등이 있다. 그중 우리가 작은 규제에도 민감하게 변화를 감지하고 반응하는 기본권이 바로 표현의 자유다.

표현의 자유를 행사하는 대표적인 형태는 언론과 출판이다. 언론과 출판의 자유는 국가권력에 의해 침해되거나 탄압의 대상이 될 수 있다. 국경 없는 기자회Reporters Without Borders는 사전 검열, 보도 통제, 긴급 세무조사, 언론인 살해와 같은 미디어에 대한 직간접적인 공격과 압력의 정도를 국가별로 종합해 언론 자유 지수로 나타내고 있다. 2020년 발표된 자료에 따르면 러시아의 언론 자유 지수는 조사대상 180개국 중 149위를 기록했다.

끝으로 짚어볼 기본권은 평등권이다. 우리나라에는 생각보다 많은 사람들이 평등이란 단어에 거부감을 느껴왔다. 평등은 공산주의의 표현이라 여기는 레드콤플렉스Red Complex의 영향일 것이다. 한편 헌법에서 말하는 평등은 기회의 평등과 법 앞에서의 평등이다. 그렇다면 러시아인들은 스스로 법 앞에서 평등하다고 느낄까?

2016년 러시아 여론조사 전문기관 VCIOM이 실시한 설문조사에 따르면 응답자 45%는 국민 모두가 대체로 법 앞에서 평등하다고 느낀 반면, 48%는 법 앞에서의 불평등이 만연해 있다고 답했다. 특히 응답자의 상당수는 고위공직자와 부유층이 공정한 법의 심판을 받지 않는다며 사법정의에 대한 강한 불신을 드러냈다.

이처럼 기본권이 제대로 보장받지 못하는 사회에서 러시아 국민이 느끼는 정치 효능감은 낮을 수밖에 없다. 정치 효능감은 정치 참여를 통해 얻는 만족을 의미하는데, 국민이 자신이 의도한 바를 관철시킬 수 없다고 느낄 때 정치 효능감은 떨어지고, 정치에 대한 혐오와 무관심은 커지는 법이다.

## 공권력, 관료주의 그리고 부정부패

인류 역사상 최초로 사회주의 실험에 뛰어든 러시아인들에게는 불의와 부정에 맞서는 저항의 피가 여전히 흐르고 있다. 그렇다면 현재 이들은 왜 온갖 비리와 부정부패를 보면서도 침묵하고 있는 것일까?

공권력에 대한 공포와 두려움은 한번 학습되면 좀처럼 극복이 어렵다. 앞서 언급한 향리형 정치 문화는 막강한 공권력에 기반하고 있다. 스탈린 시절 공권력에 의해 희생된 인구만 약 3천만 명으로 추산된다. 이처럼 절제되지 않은 무자비한 힘은 사회 질서 유지 수단으로서 정당화되었고, 이를 기반으로 한 전체주의 체제는 지금의 관료주의 문화를 만들어냈다.

관료주의를 빼놓고 러시아 사회를 논할 수 없다. 관료주의는 특권의식, 비밀주의, 선례답습, 획일주의, 법규만능, 창의의 결여, 직권남용 등의 권위주의적 부작용을 유발한다. 이러한 기능적 장애를 관료주의 현상이라고 부른다.

관료주의 행동양식과 의식형태는 집단을 불문하고 조직이 비대해질수록 심화된다. 조직의 구성원은 지위와 경우에 따라 부여된 권한을 권력으로 인식하고 관료주의를 발휘하기도 한다. 그 바탕에는 자신의 주체성과 존재감을 만족시키려는 욕구 또는 경제적 이익을 취하려는 욕심이 깔려 있다.

관료주의 현상의 대표적인 특징은 행정 절차를 쪼개는 것이다. 각종 신고와 허가를 요하는 다단계 절차는 업무의 비능률, 행정력 낭비, 암시장 형성을 초래한다. 예를 들면 이런 식이다. 학생 비자 갱신 신청은 매주 화요일, 목요일 오전 10시부터 12시 사이에만 접수할 수 있다. 대기 줄은 당연히 길다. 아침 일찍 줄을 서지 않으면 접수 자체가 불가능하다. 갱신하는 데 한 달 이상 걸린다. 갱신된 서류는 매주 금요일 오후 2시 이후에만 수령할 수 있다. 이처럼 한국에서는 상상할 수 없는 일이 러시아에서는 일상인 시절이 있었다.

브로커들이 암암리에 급행료를 받고 제공하는 원스톱 서비스는 비리 관료들의 협조 없이 이루어질 수 없다. 그래서 관료주의는 비리 공무원을 양산해 국가 행정 시스템을 마비시키는 원흉으로 꼽힌다.

국제투명성기구Transparency International에서 매년 국가별 청렴도 인식 수준을 조사하는데, 2020년 1월에 발표된 부패 인식 지수에 따르면 러시아는 180개국 중 144위를 기록했다. 이는 정치인과 공무원을 비롯해 사회적으로 만연한 부패의 정도를 나타낸 수치다. 이러니 정치 효능감은 말할 것도 없다. 근 100년의 역사 속에서 러시아인들의 정치 효능감이 가장 높았던 때는 아마도 사회주의 혁명에 성공한 1917년 즈음이지 않을까 싶다.

## 양극화와 자본주의 미소

러시아는 경제적 불평등이 가장 극심한 나라 중 하나다. 2019년 크레디트 스위스Credit Suisse 조사에 따르면 러시아의 상위 10% 부유층이 국부의 83%를 손에 쥐고 있다. 미국과 중국의 최상류층은 각각 국부의 76%와 60%를 소유하고 있다. 미국과 중국에 비해 러시아의 억만장자 수가 현저히 적다는 사실은 러시아의 양극화된 빈부격차를 보여준다.

문제는 소련 해체 이후 러시아의 주요 산업 민영화 과정에서 훗날 올리가르히로 성장한 특정 소수가 경제 전반을 장악하면서부터 시작되었다. 극심한 빈부격차와 정경유착은 러시아 중산층을 붕괴시켰고, 여기에 더해진 관료주의는 오늘날 국민들의 자유로운 경제 활동에 걸림돌이 되고 있다.

러시아의 현실은 각국 경제 활동의 자유도를 나타내는 경제 자유 지수에서도 드러난다. 2020년 미국의 헤리티지재단The Heritage Foundation과 월스트리트저널Wall Street Journal이 발표한 보고서에 따르면 러시아의 경제 자유 지수는 조사대상 180개국 중 94위를 기록했다. 처음으로 종합점수 61점을 얻어 '대체로 부자유' 구간을 벗어나 '중간 자유'에 진입했지만 빈부격차를 극복했다고 보기 어렵다.

경제적 불평등을 해소하려면 보다 균형적인 부의 재분배가 실현되어야 한다. 통상 부의 재분배는 국가가 정해놓은 세금을 통해 이루어진다. 우리나라를 포함한 미국과 유럽의 선진국 대부분은 효과적인 부의 재분배를 위해 누진세를 적용하고 있다. 반면 러시아는 아직까지 세율이 일정한 일률 과세 원칙을 고수하고 있다.

최근 몇 년 사회보장에 관한 새로운 경제 정책으로서 기본소득이 전 세계적인 주목을 받고 있다. 기본소득 운동의 주창자인 필리프 판 파레이스Philippe Van Parijs는 19세기가 노예의 해방, 20세기가 보편적 선거권 도입의 세기였다면, 21세기는 기본소득의 세기가 될 것이라고 내다봤다.

러시아에서는 메드베데프 국가안보회의 부의장이 기본소득의 필요성을 언급하며 관심을 모은 바 있다. 노령연금과 아동수당, 청년배당 등을 통해 부분적 기본소득을 이미 채택하고 있는 우리나라에서도 기본소득은 큰 화두다.

이제 갓 30년을 넘긴 러시아의 자본주의 역사는 중산층을 철저히 붕괴시켰다. 한편 친절과 배려를 덕목으로 여기지 않는 웃음기 없는 관료주의 사회에 서비스라는 생소한 개념을 이식하는 데 성공했다.

서비스는 이윤추구를 목적으로 행하는 친절이다. 우리가 친절한 대우와 다양한 서비스를 누리는 것도 판매자의 착한 성품과 선심 때문이 아니라 자본주의 경제 체제에서 친절과 서비스가 돈으로 돌아오기 때문이다. 고로 서비스의 수준은 돈 맛을 본 판매자와 함께 성장한다.

러시아가 서비스의 개념을 익히는 데 10년 넘게 걸렸다. 2000년부터 상승한 유가 덕에 러시아 경제가 급속 성장하면서 서비스 개념은 직종을 막론하고 널리 확산되기 시작했다. 최근 러시아의 서비스 수준은 과거와 비교할 수 없을 정도로 높아졌다. 이제는 자본주의 미소가 전혀 어색하지 않다.

## 뿌리 깊은 집단주의와 수직사회

동양은 개인보다 집단을, 서양은 집단보다 개인을 우선시한다는 통설이 있다. 서양에서는 성 앞에 이름을 써 개인을 특정하고, 동양에서는 이름 앞에 성을 붙여 개인이 속한 집단을 구분한다. 이름을 맨 앞에 쓰는 것은 러시아도 마찬가지다. 그래서 한국 문화를 잘 모르는 러시아인들은 종종 성씨를 이름으로 착각해 부르기도 한다. 작은 차이지만 이는 동서양이 가치의 무게 중심을 어디에 두며 살아왔는지를 보여준다.

어쨌든 개인의 자유와 인권에 대한 고민을 일찍 시작한 서양은 각자의 개성을 존중하며 집단을 위한 개인의 희생을 강요하지 않는다. 이것이 바로 개인주의 사회의 특징이다. 유럽 사람들은 개인의 권리와 사회이익이 부딪힐 때 개인의 권리를 우선적으로 보호해야 한다고 믿는다. 우리는 이러한 사실을 코로나19에 대응하는 유럽을 보며 확인한 바 있다.

유럽이 이토록 개인주의에 목을 매는 이유는 전체주의 사상에 대한 반감 때문이다. 전체주의는 당초에 이탈리아의 파시즘, 독일의 나치즘, 일본의 군국주의를 가리키는 용어로 널리 사용되다 제2차 세계대전 이후 사회주의와 공산주의를 지칭하는 단어로 전용되었다. 전체주의로 극단화 될 수 있는 집단주의보다 개인주의가 극단화된 이기주의가 차라리 낫다는 이들의 믿음은 냉전시대를 지나면서 완전히 굳어져 버렸다.

전체주의를 연구한 미국의 정치학자 칼 조아킴 프리드리히는 『전체주의적 독재와 전제 *Totalitarian Dictatorship and Autocracy*』에서 유일사상, 국가 권력을 장악한 일당 독재, 경제의 중앙집권적 통제, 매스미디어 독점과 여론조작, 공권력(비밀경찰)에 의한 사회 감시, 개인의 권리와 자유 말살 등을 체제의 특징으로 꼽았다.


오랫동안 유럽 국가를 표방해온 러시아는 20세기 초까지만 해도 유럽의 개혁 발자취를 좇았다. 그러던 중 사회주의 혁명은 누구도 가보지 않은 새로운 길로 소련의 인민들을 안내했다. 그리고 인류 최초의 사회주의 실험실은 머지않아 스탈린의 집권으로 전체주의 실험실이 되어 버리고 말았다.

사회주의 그리고 나아가 전체주의 체제의 영향으로 집단주의 문화는 소련 사회에 깊이 뿌리내렸다. 여느 유럽 사람들보다 러시아인들이 정서적으로 우리와 통하는 구석이 있다고 느끼는 것도 바로 이 때문이다.

잘 웃지 않기로 소문난 러시아인들은 사실 인정이 많고 오지랖이 넓다. 이들은 대화의 물꼬를 한번 트면 처음 만난 사람과도 거리낌 없이 술술 얘기한다. 상대의 이야기도 곧잘 들어준다. 특히 타인을 위하는 일이라고 판단되면 간섭도 서슴지 않는다.

러시아인의 정서에도 정情이 있다. '정'이란 단어를 러시아어로 직역하기는 어렵지만, 이들은 인간에 대한 남다른 정을 일상에서 표현하며 산다. 러시아에서는 여전히 가까운 사람을 대접할 때 집으로 초대한다. 특히 인심이 후하고 의리를 중요시 여긴다. 공공장소에서는 여성과 노약자에게 지체 없이 자리를 양보하고, 무거운 짐을 들고 가는 사람을 그냥 지나치지 않는다. 누군가 어려움에 처한다면 이들은 기꺼이 선한 사마리아인을 자처한다.

한편 현대 러시아인은 개인주의자이기도 하다. 특히 자본주의 체제로 넘어간 이후 개인주의 문화가 사회 곳곳에서 또렷하게 나타나고 있다. 전 세계가 다양한 문화를 서로 빠르게 공유하는 시대에 이는 비단 러시아만의 이야기가 아니다. 또한 이 같은 흐름은 민주주의의 발전과 함께 가속화 될 것으로 보인다.

러시아인들은 표현에 솔직하고 당당하다. 생각과 감정을 마음에 잘 담아두지 않는 데다 대체로 돌려 말하지 않는 직설 화법을 구사한다. 표현을 에둘러 하며 '눈치'를 탑재해야 소통이 가능한 우리와 달리 이들은 '그렇다, 아니다'가 분명하다. 이런 돌직구에 상처받는 한국 사람들이 있는가 하면, 러시아인들도 한국말을 곧이곧대로 받아들여 종종 오해가 생긴다. "언제 밥 한번 먹자"는 표현의 이중적인 의미를 러시아 사람들이 알 리가 없다.

유럽 국가들이 대부분 수평사회를 이루고 있다면, 러시아는 여전히 수직사회에 가깝다. 철저한 상명하복의 위계질서를 지향하는 관료주의 잔재를 아직 털어내지 못했다. 그러한 수직사회는 획일화된 하나의 가치관을 강요한다. 모든 영역에서 서열을 만들고, 서열은 사람 위에 군림하려는 인간의 본성을 자극한다.

반대로 수평사회는 서열화를 지양한다. 그래서 소위 '갑질'의 빈도도 수직사회에 비해 현저히 낮다. 다행히 러시아에서는 젊은 세대의 사회진출이 늘면서 수평적 가치관이 기업과 민간단체를 중심으로 빠르게 확산되고 있다.

## 수동적인 노동자

러시아인들은 종종 스스로를 게으르다고 자조한다. 사실 이들은 게으르다기보다 수동적인 편이다. 좋게 말하면 주어진 일에 충실한 사람이고, 나쁘게 말하면 주어진 일만 하는 사람이다. 도대체 무엇이 이들을 이렇게 만들었을까?

성과에 대한 보상으로 "자본주의에서는 돈을 주고, 사회주의에서는 칭찬을 한다"는 우스갯소리가 있다. 배지를 바지 밑단까지 주렁주렁 단 북한 장성들의 이미지가 떠오르지 않는가? 이처럼 일각에서는 러시아 노동자들의 수동성에 대한 주요 원인으로 확실한 동기를 부여하지 않는 과거의 사회주의 경제 체제를 꼽는다. 일리 있는 주장이다.

자본주의 체제는 궁극의 경제적 보상을 담보로 무한 경쟁을 부추겨 생산성을 끌어올렸다. 덕분에 우리는 경쟁이 가져다준 유익을 누리면서도 능력주의의 덫에 걸려 허우적대고 있다. 그런데 소련 시절에도 업무 생산성을 높이기 위해 성과급을 지급하거나 휴양시설 이용권을 제공하는 등 다양한 방식의 보상 제도가 존재했다. 다만 그 효과가 미미해 노동자들의 치열한 경쟁으로까지 이어지지는 않았던 것이다. 그럼 소련 노동자들은 태만했을까? 그렇지 않다. 철저한 관리감독 하에 누구도 일을 게을리 할 수 없었다. 정부는 노동자들의 협동을 저해하는 경쟁도 태만도 허용하지 않았다.

러시아인들을 그토록 수동적인 노동자로 만든 것은 1991년 소련 해체 이후 10년의 시간이었다. 소비에트 연방의 해체는 국내외 정세 불안과 정치권에 대한 강한 불만을 몰고 왔다. 경제 파탄은 정경유착과 양극화를 초래했고, 사회 혼란은 범죄 급증과 사람에 대한 실망과 불신으로 이어졌다. 이쯤 되면 왜 러시아인들이 잘 웃지 않는지 이해되지 않는가? 미국과의 냉전에서 졌다는 패배감과 열등감이 뿌리내린 것도 바로 이때다.

공포와 두려움에 떨어야 했던 10년은 러시아인을 학습된 무기력 속으로 몰아넣었다. 더 이상 남의 말을 쉽게 믿지 않는 매사에 비관적인 사람으로 만들어버렸다. 이러한 복합적인 요인들이 러시아인을 더도 말고 덜도 말고 딱 주어진 일에만 충실한 수동적인 노동자로 만들었다.

러시아 사람들은 악착같이 돈을 벌지 않는 편이다. 대신 이들은 저녁이 있는 삶을 선호하는 편이다. 개인의 업무와 사생활 간의 구분이 비교적 뚜렷하다. 야근을 강요하거나 눈치 줄 사람도 없을 뿐더러, 특별한 경우가 아니면 야근을 하지 않는다. 물론 러시아에서도 자본주의가 고도화되면서 일과 휴식의 경계가 점점 희미해지고 있다.

러시아인들은 한 해 동안 소위 "개같이 벌어" 휴양지에서 "정승같이 쓴다" 해도 과언이 아니다. 휴가를 위해 사는 사람들인가 싶을 정도다. 게다가 러시아 연방 노동법은 28일이라는 어마어마한 연례 유급휴가를 보장한다. 그중 반은 쪼개서 쓸 수 있지만, 나머지 14일은 노동법에 따라 반드시 통으로 한 번에 써야 한다. 그러다 보니 여름철만 되면 2주씩 휴가를 떠나는 사람들이 몰려 공공행정 시스템이 큰 부담을 떠안는다.

## 가부장제와 젠더 이슈

어느 나라나 남녀평등 문제는 사회정치적 과제이면서도 다루기 어려운 민감한 문제다. 현대 한국 사회에서도 젠더 이슈는 여전히 뜨거운 감자다. 여기서 말하는 젠더는 생물학적인 의미가 아닌 사회적, 문화적, 정치적 의미의 성을 가리킨다. 그렇다면 러시아는 어떨까?

사회주의 혁명 이전 러시아 제국은 철저한 가부장제 국가였다. 아니 어쩌면 가부장제라는 표현이 과분할지도 모르겠다. 여성은 자신을 학대하는 남편을 상대로 이혼신청을 할 수 없었고, 가정을 버리고 떠난 남자에게 위자료를 청구하는 것도 사실상 불가능했다. 여성 투표권도 일부 지역에 한해서만 적용되었다.

1917년 사회주의 혁명 이후 소련 여성의 사회적 지위와 인권은 크게 향상되었다. 개혁적인 여성정책을 주도한 소련 정부는 종교의례였던 혼인성사를 폐지하고 남녀가 신고만 하면 효력이 발생하는 법률혼주의를 채택했다. 게다가 이제는 여성도 이혼신청을 제기할 수 있게 되었다. 그밖에는 여성의 교육권, 가정폭력, 낙태, 사내 성추행과 성희롱 등이 사회적인 현안으로 떠오르기 시작했다.

1920년에는 러시아에서 인류 역사상 최초로 낙태가 합법화되었다. 이는 유럽에서도 이슈가 될 정도로 파격적인 정책이었다. 물론 낮은 출산율 때문에 도로 금지되거나 조건부 낙태만 허용되던 시기도 있었다. 현재 러시아에서 낙태수술은 의료보험 적용을 받을 수 있다.

소련 여성운동의 선구자 알렉산드라 콜론타이Aleksandra Kollontai는 여성 인권 신장을 주도한 대표적인 인물이다. 그는 여성 노동계층을 구성하고, 여성 노동조합 운동, 자유연애론 등을 펼치며 여성의 해방과 복리후생 운동을 추진했다. 콜론타이의 사상은 일제강점기 당시 허정숙, 정칠성, 박정애와 같은 여성 해방 운동가들에게도 영향을 주었다.

이미 100년 전 콜론타이는 남성으로부터의 해방은 경제적 독립에 있다고 보고 여성들의 경제적 자립을 역설했으며, 가사노동과 자녀양육을 사회가 맡아 여성들의 부담을 국가가 덜어주어야 한다고 주장했다. 덕분에 소비에트 연방은 여성의 사회 진출과 경제 참여율을 최대치로 끌어올렸다. 오늘날 구소련 국가에서 경영관리와 과학기술 분야에 종사하는 여성인력 비율이 다른 나라에 비해 높은 것도 이 때문이다.

1965년 소련 정부는 세계 여성의 날인 3월 8일을 공휴일로 지정했다. 러시아인들에게 이 날은 성탄절만큼이나 중요한 기념일이다. 1929년부터 1991년까지 성탄절이 폐지되었던 시기를 감안하면 러시아 현대인들은 성탄절보다 여성의 날을 더 많이 쉬었다.

한편 소련 정부의 적극적인 개혁에도 불구하고 러시아 현대 사회가 진정한 젠더 평등에 가까이 다가섰다거나 여성의 현실이 눈에 띄게 개선되었다고 평가하기는 어렵다. 도리어 소련 해체 이후 여성의 사회적 지위와 인권이 퇴보하는 경향까지 보이고 있다.

2020년 세계경제포럼World Economic Forum에서 발표된 글로벌 젠더 격차 보고서Global Gender Gap Report에 따르면 러시아는 조사대상 153개국 중 81위를 차지했다. 2006년부터 세계경제포럼은 경제 참여 및 기회, 교육 성과, 보건, 정치 권한 등 4개 부문에서 국가별 성 격차를 수치화해 매년 순위를 발표하고 있다. 하위권일수록 양성 평등이 이루어지지 않고 있음을 뜻한다. 러시아의 남녀 평균 임금격차는 28.8%, 소득격차는 42.1%, 조직별 여성 비율은 기업임원 7%, 장관 12.9%, 국회의원 15.8%를 기록했다.

러시아 현대 사회는 꽤 가부장적이다. 겉모습은 세련되고 화려해 보이지만 그 속에는 가부장적인 규범과 가치들이 내면화되어 있다. 예를 들어 이런 것들이다. '바깥에서 돈 벌어오는 일은 남자가 할 일이다. 가사노동과 자녀교육은 여성의 몫이다. 남성은 강력한 가장권을 갖고 가족 구성원들을 통솔한다.'

이처럼 러시아 사회는 고전적인 성 역할론에 치우쳐 남녀 모두에게 남자다움과 여자다움을 강요하고 있다. 실제로 러시아에서는 남자가 데이트 비용을 전액 부담하는 것이 '국룰'이다. 여성이 지갑을 여는 것을 두고 보는 것은 남자답지 않다고 여긴다.

러시아 남자들은 매너가 좋은 편이다. 문을 열어주고, 의자를 빼주고, 여성에게 자리를 양보하고, 무거운 짐을 들어주는 게 몸에 배어 있다. 매너도 좋고 데이트 비용까지 다 내주는 러시아 남자를 만나고 싶다는 생각이 들겠지만, 그렇다고 이들이 고전적인 성 고정관념에서 자유로운 것은 아니다. 여성에 대한 매너와 내면화된 성 역할 인식은 별개의 문제다.

자의든 타의든 연애 기간 동안 경제적으로 여성이 남성에게 의존하는 구조는 궁극적으로 남녀 간 권력의 불균형을 낳는다. 그렇다면 과연 남성은 의존적인 존재로 의식 속에 자리 잡은 여성을 동등한 인격체로 대할 수 있을까? 어쩌면 그럴 필요성조차 못 느낄 수도 있다. 문제는 이런 불안정한 구조가 결혼 이후까지 이어질 수도 있다는 점이다.

러시아의 결혼 문화는 어떨까? 결혼은 남녀의 사회경제적인 결합이다. 문화권에 따라 개인 간의 결합을 강조하는가 하면, 가족 간의 결합을 강조하기도 한다. 러시아는 전자에 속한다. 결혼을 개인 간의 결합으로 인식하는 사회에서는 혼인 절차도 간소하다.

러시아에서는 민사등록부ZAGS에서 출생, 사망, 혼인 등을 신고한다. 러시아인들은 혼인 서명식을 중요한 의식으로 여긴다. 대부분의 결혼식은 민사등록부 건물 내에 마련된 20~30명 규모의 예식장에서 약 15분 만에 끝난다. 결혼식은 일가친척과 가까운 친구들만 초대해 간소하게 하는 대신 뒤풀이가 성대하다.

러시아 통계청 자료에 따르면 러시아인들의 평균 초혼연령은 빠른 속도로 상승하고 있다. 고학력화와 동거문화 확산, 커리어와 경제적 자립을 우선시하는 경향이 원인으로 꼽힌다.

1990년대 중반만 해도 러시아의 평균 초혼연령이 남자 24세, 여자 21세였다면, 2020년 평균 초혼연령은 남자 31.5세, 여자 27.5세로 집계되고 있다. 그래도 우리나라의 평균 초혼연령(남자 33.3세, 여자 30.5세)에 비하면 젊은 편이다.


## 과식에서 미식으로

러시아가 다방면으로 개혁된 표트르 대제 통치 시절, 단순했던 러시아 식문화에도 큰 변화가 있었다. 먼저 음식의 종류가 다양해졌다. 유럽에서 대량으로 수입되기 시작한 감자와 베이컨, 와인과 브랜디, 버터와 치즈는 밥맛을 더했고, 식탁은 이전과 비교할 수 없을 만큼 풍성해졌다.

러시아인들이 식도락과 미식의 세계에 눈을 뜨기 시작한 것도 이때부터였다. 입맛을 갖게 되면서 음식의 개념은 과식에서 미식으로 조금씩 넘어갔고, 지나친 음식 양도 줄었다. 특히 황제는 테이블 매너 개념이 미미했던 국민들에게 구체적인 식사 예절을 제시할 정도로 유럽 식문화 도입을 강조했다.

러시아가 유럽의 식문화 영향을 받기만 한 것은 아니다. 19세기에 접어들면서 유럽에서 유입된 요리들이 러시아에서 새로운 메뉴로 재탄생해 역수출되기도 했다. 그뿐만이 아니다. 『러시아 문화의 맛있는 코드』의 저자 석영중 고려대 교수는 오늘날 서양식 레스토랑에서 요리가 순서대로 차려지는 것이 러시아식 서빙 방법에서 유래했다고 밝힌 바 있다. 즉 코스요리의 기원이 러시아에 있다는 얘기다.

그 전까지는 모든 음식을 한꺼번에 차려놓고 먹는 것이 유럽 식문화의 관례였다. 프랑스 귀족들이 선택한 러시아식 식사법은 뜨거운 메인 요리를 담는 뚜껑 달린 접시를 없애고, 찬 음식과 뜨거운 음식, 디저트 등이 구분되어 나온다는 점에서 실용적이었다.

특히 귀족 출신의 문학 작가 중에는 식도락을 즐기는 미식가들이 많았다. 이들은 종종 음식에 관한 이야기를 작품 곳곳에 녹여냈다. 알렉산드르 푸시킨Aleksandr Pushkin은 이런 말을 남겼다. "점심에 먹을 수 있는 것을 저녁까지 미루지 마라!"

그렇다면 러시아 전통 음식에는 무엇이 있을까? 오늘날 러시아 사람들이 먹는 요리 또는 러시아식으로 인식되는 메뉴 중에는 의

외로 러시아 전통 음식이 많지 않다. 러시아 대표 음식으로 알려진 샤슬릭Shashlyk도 사실 중앙아시아에서 유입된 음식이다. 러시아식 메뉴판을 보다 보면 동양 음식을 심심치 않게 발견하게 되는데, 이는 140여 개의 민족이 공존하면서 수백 년간 서로의 문화를 공유하며 살아온 결과다.

러시아 요리의 특징은 채소와 어패류가 적고 육류 사용이 많아 소박하지만 영양은 좋다는 점이다. 남쪽에는 과일이나 채소가 풍부하지만 전국적으로 생채소가 부족하기 때문에 양배추, 토마토, 감자, 양파, 당근, 사탕무, 오이 등의 저장채소나 염장채소를 쓰는 요리가 많다.

지리적으로 북부에 위치해 겨울이 길고 추운 환경에서 생활하는 러시아인들은 소고기보다 지방질이 많은 돼지고기를 선호한다. 그밖에는 양고기를 많이 먹고, 어류는 청어, 연어, 대구가 많이 잡힌다. 특히 철갑상어 알은 카스피해산이 세계적으로 유명하다.

또 목축업이 발달해 소고기 값은 물론, 러시아산 치즈, 버터 등의 고열량 유제품이 저렴하고 종류가 다양하다. 스메타나(사워크림), 트바로크(코티지 치즈), 버터는 요리에도 많이 사용되는데, 이는 러시아 음식의 특색이라고 할 수 있다. 특히 스메타나는 수프, 샐러드, 고기요리 등 다양한 요리에 첨가되는 러시아식 전통 소스다.


## 주식과 요리

의식주는 인간 생활의 3대 기본 요소다. 이 중에서도 음식은 필수 불가결한 생존의 조건이다. 욕구 가운데 가장 강한 것도 식욕이며, 고상해 보이는 그 어떤 일조차 먹고 마시는 일과 무관하지 않다. 한편 우리는 음식에 생존 이상의 의미를 부여한다. 모든 인간관계, 조상이나 신과의 만남, 고향의 추억과 그리움까지 전부 밥이 매개한다.

러시아의 주식은 빵이다. 한국인이 어딜 가나 쌀밥을 찾듯이 러시아인은 빵을 찾는다. 기독교권 국가에서 빵은 예수의 성체를 연상케 하는 종교적인 의미를 담고 있다. 성경에도 빵과 관련된 일화가 다수 등장하는데, 러시아인에게도 빵은 이중적인 의미를 담고 있다.

러시아에서는 하얀 밀빵보다 갈색을 띄는 호밀빵이 유명하다. 이는 흑빵으로도 불리는데, 호밀이 러시아의 자연 환경에서 잘 자라기 때문에 러시아인들의 주식이 될 수 있었다. 지금도 러시아는 호밀 최대 생산국이다.

호밀빵 다음으로 가장 흔한 빵이 피로시키Pirozhki다. 달걀과 파, 감자와 버섯, 양배추, 다진 고기 등을 속에 채워 구운 빵이다. 러시아식 크로켓이라고 해도 무방하다. 지역과 취향에 따라 넣는 재료와 빵의 모양이 다르다.

대표적인 슬라브 음식을 꼽자면 블린Blin을 빼놓을 수 없다. 블린은 메밀가루와 밀가루를 넣고 얇고 둥글게 부친 러시아식 팬케이크다. 요리 방식만 보면 전 요리와 유사하다. 원 모양으로 얇게 구운 블린은 통상 버터, 연유, 잼, 사워크림 또는 꿀을 발라 디저트로 먹는다. 취향에 따라 다진 고기, 햄과 치즈, 훈제 연어, 캐비아 등을 곁들여 먹는다. 러시아인들은 봄의 축제 마슬레니차Maslenitsa 기간에 블린을 가장 많이 해먹는다.

또 다른 슬라브 음식 중에는 러시아식 만두 펠메니Pel'meni가 있다. 펠메니 속 전통 주재료는 고기인데, 요즘은 생선과 다른 재료도 넣는다. 이와 유사한 반달 모양의 우크라이나식 만두 바레니키Vareniki는 고기 외에도 감자나 양배추, 베리류 등 다양한 속재료가 들어간다.

곡식을 묽게 끓여 만든 죽은 동서양을 막론하고 빵과 밥보다 먼저 등장한 원초적인 요리다. 유럽에서는 빵이 대중화되기 전까지 거칠게 빻은 귀리와 밀가루로 끓인 오트밀Oatmeal이나 포리지Porridge가 주식이었다.

러시아에서도 죽은 생활 음식이다. 러시아어로 죽을 뜻하는 카샤Kasha는 과거 농노들의 주식이기도 했다. 오늘날 카샤는 러시아에서 가장 흔한 아침 메뉴다. 일반 죽과 달리 우유와 버터 등을 첨가하는 고칼로리 요리의 주재료로는 메밀, 호밀, 귀리, 보리 등의 잡곡이 쓰이는데, 그중에서도 메밀로 만든 카샤가 가장 대표적이다.

러시아 식문화에서 메밀이 갖는 의미가 특별하다. 국난을 당할때마다 러시아인들의 배고픔을 달래준 음식이 메밀이었다. 신종 코로나 바이러스 확산 초기에 러시아인들이 사재기한 것도 휴지와 메밀이었다. 이쯤 되면 러시아인들에게 메밀은 국난 극복의 상징인 셈이다.

러시아 전통 수프를 소개하자면, 양배추 수프 시Shchi, 고기·감자·양배추 등과 향신료를 넣어 만든 솔랸카Solyanka, 생선을 주재료로 채소를 첨가해 끓인 우하Ukha, 그리고 빨간 무가 들어가 붉은색이 특징인 보르시Borshch 등이 있다.

특히 고기 육수에 빨간 무, 감자, 양배추, 당근, 쇠고기 등을 넣고 끓인 보르시는 본래 우크라이나 음식이지만 오늘날 러시아 전통 수프로 인식될 만큼 러시아인들이 사시사철 즐겨먹는 요리다.

참고로 러시아 음식에 가장 많이 쓰이는 재료는 감자다. 세계 3위 감자 생산국 러시아에서 감자는 흔한 곡물이지만, 추운 기후에서도 잘 자라는 특성과 포만감 때문에 러시아인들의 필수 식재료로 자리매김하게 되었다. 대표적인 요리로는 으깬 감자(퓌레), 감자구이, 감자전이 있다.

그렇다면 일상에서 즐기는 메인 메뉴는 대표적으로 어떤 것이 있을까? 바로 샤슐릭이다. 케밥의 일종으로 중앙아시아에서 유입된 꼬치구이 샤슐릭은 숙성시킨 돼지고기, 쇠고기, 양고기, 닭고기, 송아지 고기에 각종 향신료로 간을 맞추고 꼬치에 끼워 숯불에 익혀내는 음식이다.

러시아는 먹는 것에 관해 굉장히 까다로운 나라다. 유전자 변형 GMO 농산물은 정부에서 철저히 금지하고 있다. 음식점에서 판매되는 메뉴도 일일이 신고해야 한다. 비빔밥을 예로 들면 밥, 나물, 참기름, 고추장 등 각각의 재료가 몇 그램씩 들어가는지 등록해야 한다. 특히 알레르기에 민감한 사람들이 많은 러시아에서는 중요한 절차다.

러시아 음식점은 통상 레스토랑, 카페, 스톨로바야Stolovaya로 나뉜다. 레스토랑은 말 그대로 넉넉하게 한 끼 식사를 할 수 있는 음식점이다. 카페에서는 애피타이저부터 디저트까지 다양한 요리를 즐길 수 있다. 즉 러시아에서 "카페 가자"는 제안은 "식사하러 가자"는 의미로도 해석될 수 있다. 끝으로 스톨로바야는 서민적인 식당으로 셀프서비스 형태나 서서 먹는 간단한 음식점이다.

지금은 이처럼 보편화되었지만 10년 전만 해도 러시아의 음식점들은 사실상 부자들이 찾는 아주 고가의 레스토랑과 저렴한 패스트푸드 매장으로 나뉘어 있었다. 그러다 점차 중산층을 대상으로 한 음식점들이 늘면서 외식 문화가 빠르게 퍼지고 있는 추세다.

## 국민주

술은 발효주, 증류주, 혼성주로 나뉜다. 발효주는 곡류나 과실 원료를 발효시킨 술로 맥주, 막걸리, 와인 등이 이에 속한다. 증류주는 발효주에서 증류, 즉 끓여서 알코올 도수를 높인 것으로 보드카, 테킬라, 럼, 진, 위스키, 소주가 대표적인 증류주다. 마지막으로 혼성주는 알코올에 설탕과 식물성 향료 등을 섞어 만든 술이다. 몇 년 전부터 우리나라에 유행하는 과일소주가 바로 혼성주다.

보드카Vodka는 슬라브 민족의 국민주다. 러시아어로 물을 뜻하는 단어 보다Voda에서 파생된 보드카는 일반적으로 감자, 호밀, 보리, 밀, 옥수수 따위에 맥아를 넣고 당화해서 효모의 작용으로 발효시키고 이를 증류한 후 알코올 도수를 40도에 맞추어 만든다.

리시아인들도 인정하는 프리미엄 보드카 브랜드를 꼽으라면 단연 벨루가Beluga다. 벨루가는 철갑상어의 한 종이다. 캐비아는 서양에서 3대 진미로 꼽힐 만큼 귀한 음식인데, 그중에서도 철갑상어인 벨루가의 캐비아는 고가에 속한다. 이런 벨루가의 고급 이미지와 뛰어난 퀄리티가 결합된 보드카 브랜드는 오늘날 세계적인 명성을 자랑하고 있다.

보드카는 항시 냉동고에 보관하며 차갑고 걸쭉한 상태로 마실 때 가장 맛있다. 또 보드카는 작은 잔에 따라 샷으로 마시는 게 정석이다. 하지만 무색, 무취, 무미의 특징 때문에 스크루드라이버Screwdriver, 빅애플Big Apple, 보드카 콜린스Vodka Collins와 같은 칵테일 원료로 널리 쓰인다. 물론 클럽에서 사먹는 칵테일에는 저가의 보드카가 주로 쓰인다.

러시아인들은 보드카뿐만 아니라 취향에 따라 다양한 술을 소비한다. 맥주는 물론 맥주와 비슷한 크바스Kvas가 대표적이며, 그밖에 코냑과 와인을 즐겨 마신다. 알코올 도수가 1~5% 사이인 크바스는 호밀을 발효시켜 만든 러시아 전통 음료다.

882년 건국된 키예프 공국 형성 이전부터 크바스는 러시아에서 광범위하게 음용되는 일상 음료였다. 현재는 전통적인 호밀 크바스를 비롯해 배, 크랜베리, 체리, 레몬 등 다양한 과일을 첨가한 크바스가 대중적으로 소비되고 있다.

주도문화는 우리나라와 다른 점이 많다. 우선 술을 받을 때 손으로 잔을 받치지 않는다. 그저 식탁 위에 가만히 올려놓는다. 러시아 주도문화의 가장 큰 특징은 건배사다. 건배사를 하기 위해 술을 마신다는 생각이 들 정도다. 건배사를 러시아에서는 '토스트Tost'라고 하는데, 이 토스트에는 몇 가지 특징이 있다.

일단 분위기가 굉장히 진지하고 내용도 길다. 게다가 토스트의 기회는 참석자 전원에게 공평하게 돌아간다. 술자리에 몇 번 참석하다 보면 건배사 내용에도 패턴이 있다는 것을 깨닫게 된다. 건배사마다 주제가 있고 메시지가 있다. 순서는 다를 수 있지만 이들은 대부분 만남과 우정을 위해, 부모와 동료들을 위해, 또는 그 자리에 함께하는 여성들을 위해 일어나 잔을 부딪친다.

이처럼 러시아 사람들은 술보다 술자리에 의미부여하기를 좋아한다. 게다가 토스트가 중요한 이유는 술자리를 함께하는 상대방을 파악하는 단서가 될 수 있기 때문이다. 이들은 토스트에는 한 개인의 감성과 지성의 수준뿐만 아니라 그 사람의 진심이 담긴다고 믿는다. 그래서 멋진 건배사 하나쯤은 외우고 다니는 것을 권하고 싶다. 삼행시 건배사는 잠시 잊어라.

## 홍차와 초콜릿

러시아는 다른 유럽국가에 비해 차의 역사가 비교적 오래된 편이다. 공식 문헌에 따르면 1618년 명나라의 사신이 러시아 황제에게 차를 선물했다. 그 이후 17세기 중반 무렵 러시아와 청나라 간의 차 교역량이 늘면서 차 마시는 풍습이 일반화된 것으로 전해진다.

추운 겨울 주방에 모여 달달한 간식과 함께 뜨거운 차를 마시며 이야기 나누는 것이 하나의 문화로 자리 잡을 정도로 차는 러시아인들의 기호 식품을 넘어 영혼의 식품이 되었다.

18세기에 홍차 소비가 빠르게 늘면서 러시아 전통 포트 사모바르Samovar가 상용화되었다. 대개 둥근 화병 모양을 한 보온주전자 사모바르는 러시아어로 '스스로 끓는 용기'라는 뜻인데, 러시아 문학에서도 종종 등장한다. 과거 러시아 가정에서는 사모바르에 하루 종일 물을 끓여 수시로 홍차를 마셨다.

러시아인들은 여전히 커피보다 차를 선호한다. 한 가지 특이한 점은 차 한 잔에 각설탕 2~3개를 타 마신다는 사실이다. 설탕을 타면 차의 향이 더 진해지기 때문이다. 이유야 어찌되었든 간에 러시아 사람들은 블랙커피에도 설탕을 타 마실 정도로 단물을 좋아한다.

러시아 사람들은 디저트로 버터쿠키, 크래커, 비스킷, 웨이퍼, 초콜릿 등을 즐겨먹는다. 차 문화가 발달한 러시아에서 비스킷은 생활식품이다. 그 때문인지 러시아가 전 세계 스낵 브랜드의 각축장이 된 지 오래다.

러시아 자국 브랜드 과자의 완성도나 다양성은 여전히 아쉬운 점이 많지만 최근 20년 동안 다양한 비스킷을 경험한 소비자들의 눈높이를 맞추기란 쉬운 일이 아니다. 특히 오래 전부터 벨기에, 네덜란드, 프랑스 등 수입산 초콜릿을 먹어본 러시아 구매자들은 초콜릿에 대한 경험의 폭이 넓다.

러시아에도 소위 국민 초콜릿이 있다. 바로 스카프를 두른 여자 아이의 얼굴이 트레이드마크인 알룐카Alyonka 초콜릿이다. 1965년에 인쇄된 디자인을 그대로 유지하고 있는 이 초콜릿은 소련 시절에 탄생해 페레스트로이카에서 살아남아 오늘날 러시아 초콜릿의 상징이 되었다. 초콜릿 이름 알룐카는 당시 소련 국력의 상징이었던 인류 최초의 여성 우주인 발렌티나 테레시코바Valentina Tereshkova가 낳은 딸의 이름에서 따왔다는 게 정설이다.

## 초코파이 신화

한편 러시아에서 초코파이의 인기는 대단하다. 사실 초코파이는 이미 1992년부터 부산을 왕래하던 러시아 보따리상인들과 선원들에게 인기 상품이었다. 블라디보스토크 수입제품 시장에서 불티나게 팔렸기 때문이다. 그렇다면 우리 국민 비스킷인 초코파이가 어떻게 러시아에서 큰 인기를 얻을 수 있었을까?

무엇보다도 러시아 사람들은 초코파이에 들어 있는 하얀 마시멜로를 좋아한다. 마시멜로는 정통적인 미국 과자의 특징인데, 러시아인들이 초코파이를 통해 최초로 마시멜로를 맛보게 된 셈이다. 인기의 또 다른 비결은 포장이다. 주머니에 넣기 편리한 낱개 포장이 그야말로 센세이션을 일으켰다. 특히 아이들에게 든든한 간식으로 초코파이를 챙겨줄 수 있다는 점에서 어머니들이 좋아했다는 후문이다.

그렇게 초코파이는 처음부터 러시아인들의 입맛을 사로잡았다.

재밌는 것은, 1990년대 러시아에서 직업 군인들에게 초코파이가 배부되기도 했다는 사실이다. 그만큼 초코파이는 러시아 군대에서도 귀한 아이템이다.

일반적으로 커피, 술, 라면, 담배, 과자 같은 기호품은 경제위기의 영향을 잘 받지 않는다. 오히려 더 잘 팔리는 경향이 있다. 초코파이도 비슷한 양상을 보였다. 2014년 경제제재와 루블화 폭락에도 불구하고 초코파이의 판매량은 늘었다. 2018년 기준 러시아에서 12개입 초코파이 세트가 매달 5백만 개씩 팔렸다. 낱개로 계산하면 월 6천만 개, 연간 7억 개가 넘는 초코파이가 러시아에서 팔렸으며 이 수치는 계속 증가하고 있다.

한국 사람들은 바나나에 대한 특별한 추억이 있다. 드라마 「응답하라 1988」에 나오는 것처럼, 아버지가 멀리 출장을 다녀온 날이나 가족의 생일날 함께 모여 바나나를 나눠먹을 정도로 바나나가 귀한 시절이 있었다. 바나나가 귀했던 만큼, 사람들은 바나나 맛 우유를 마시면서 바나나 향을 먹었던 것이다.

이처럼 우리가 바나나에 향수를 가지듯 러시아 사람들은 코코넛 맛에 대한 추억이 강하다. 이들에게 코코넛은 휴양지를 연상시킨다. 겨울이 긴 러시아에서 코코넛은 따스한 햇살과 여유를 상징한다. 러시아에서 스니커즈Snickers 초코바 못지않게 잘 팔리는 바운티Bounty 초코바는 코코넛 맛이 진하다. 러시아 소비자들이 맛있다며 꼽는 고소미 과자 역시 코코넛과 참깨가 어우러졌다.

우리나라에서 여성에게 가장 많이 선물하는 초콜릿은 페레로

Ferrero사의 제품이다. 그런데 유일하게 러시아에서만 같은 페레로 사의 로쉐Rocher보다 라파엘로Raffaello가 3~4배 더 많이 팔린다. 이 역시 휴가철 맛보았던 코코넛 워터에 대한 향수 때문이다.

## 초중고 교육

한 사회의 구성원을 이해하려면 교육 제도부터 들여다봐야 한다. 현재 러시아 초중고 교육은 초등학교 4년(1~4학년), 중학교 5년 (5~9학년), 고등학교 2년(10~11학년) 총 11년 과정으로 구성되어 있다. 특징이 있다면 이 모든 교육이 한 학교에서 이루어진다는 점 이다. 게다가 반도 바뀌지 않는다. 웬만하면 초등학교 때 만난 친 구들이 졸업할 때까지 간다. 그러니 11년 동안 거의 모든 친구들과 한 번쯤은 절친이 되기도, 원수(?)가 되기도 한다.

러시아 고등학교 졸업식이 여느 나라 졸업식보다 특별한 의미를 갖는 이유도 이 때문이다. 매년 6월 상트페테르부르크에서 열리는 붉은 돛Alye Parusa 축제는 바로 그런 고등학교 졸업을 축하하는 대 표적인 행사이자 시민들과 관광객들에게도 화려하고 신나는 볼거 리다.

사실 러시아는 오랫동안 10년제(1~10학년) 교육 시스템을 실시 해왔다. 1986년 11년제로 늘어났지만 4학년은 선택사항이었다. 1989년 4학년이 사라지면서 모두가 일괄적으로 한 학년을 뛰어 넘는 '월반 해프닝'이 일어났다. 명목상 11년제를 유지했기 때문 에 3학년을 마치면 바로 5학년이 되는 것이 일반적이었다. 하지만

2001년 4학년이 부활하면서 지금의 11년제가 정착되었다.

초등학교 3학년까지는 한 교실에서 담임 교사에게 다양한 과목을 듣지만, 5학년부터는 학생들이 수업을 듣기 위해 지정된 교실을 직접 찾아다닌다. 과목별로 교실을 이동해야 하는 번거로움이 발생하는 이유는 교무실이 따로 없기 때문이다. 대신 교실의 구조상 교사의 사무실이자 개인공간은 별도로 마련되어 있다.

여느 유럽 국가와 마찬가지로 러시아는 자율학습제가 없다. 러시아 학생들은 오후 1~2시면 대부분 수업을 마친다. 우리나라처럼 모두가 학원을 다니는 문화도 없다. 방과 후 학교에서 진행되는 특별수업은 학생들의 자발적인 문화예술 또는 체육활동 정도가 전부다.

러시아에서 방과 후 시간 계획에 대한 고민과 선택은 개인의 몫이다. 결과에 대한 책임도 학생이 진다. 특정 제도가 좋다 나쁘다를 떠나 사람은 누구나 가보지 않은 길에 대한 환상과 지난 선택에 대한 의구심을 품고 산다. 어떤 제도 속에서 공부했건 간에 전교 일등도 꼴등도 후회 없는 사람은 없다. 다만 후회는 있어도 원망은 없다는 것이 러시아 교육의 특징으로 꼽을 수 있다. 그 바탕에는 선택도 책임도 전적으로 학생이 져야 한다는 철학이 깔려 있다.

## 러시아의 SKY

우리나라에는 잘 알려지지 않았지만 서방에서 인정하는 명문대들이 러시아에도 있다. 1755년에 설립된 모스크바 국립대학Moscow State University이 대표적이다. 재학생들은 학교를 소개할 때 설립일이 미국의 건국 연도보다 앞섰다는 얘기를 빼놓지 않을 정도로 강한 자부심을 갖고 있다. 안톤 체호프Anton Chekhov부터 소련 초대 대통령을 지낸 미하일 고르바초프까지 러시아를 대표하는 수많은 인텔리와 11명의 노벨수상자를 배출했으니 그럴 만도 하다.

모스크바 국립대학교 출신들이 러시아 1990년대 중앙 정치권을 장악했다면, 2000년대로 넘어가면서 그 바통은 상트페테르부르크 국립대학교St. Petersburg State University 출신들에게 넘어갔다. 이 대학은 1724년 표트르 대제의 칙령으로 설립되어 오늘날 러시아에서 가장 오래된 고등교육기관이다.

졸업생 중 현재 우리에게 가장 잘 알려진 인물은 바로 블라디미르 푸틴일 것이다. 2008년 푸틴 대통령이 총리직으로 물러나고 동문인 드미트리 메드베데프가 뒤를 이은 점과 현재 상트페테르부르크 출신들에 의해 러시아 중앙정치가 장악된 것을 보면 학연과 지연은 어디서든 같은 방식으로 작용하는 듯하다. 그밖에 러시아 주요 대학들로는 러시아 민족우호대학교, 모스크바 국립공과대학교, 카잔연방대학교, 극동연방대학교가 있다.


오래전부터 러시아 대학은 5년제 학·석사 통합과정(스페셜리스트 학위) 제도를 유지해왔다. 즉 5년제 졸업생들은 모두 석사 학위에 준하는 스페셜리스트 학위를 취득했다. 소련 시절에는 스페셜리스트 학위 자체가 곧 자격증이었다. 게다가 국가에서 일자리를 지정해줬기 때문에 일자리 걱정도 없었다.

2007년 러시아는 대학 경쟁력 확보를 위해 서유럽 국가들이 주도한 이른바 볼로냐 프로세스Bologna Process에 공식 합류했다. 학사(4년), 석사(2년)제가 전격 도입되면서 스페셜리스트 과정은 점차 사라지게 되었다.

러시아 교육제도에서 한국과 또 다른 점은 초등학교부터 대학원까지 예외 없이 절대평가를 실시한다는 것이다. 상대평가는 장점보다 단점이 많다. 과잉경쟁을 부추기며 기성사회의 서열주의 문화를 답습하게 만든다. 경쟁 자체가 나쁘다는 것이 아니다. 수강생 전원이 아무리 열심히 공부해도 하위 15~35% 고정 값에 따라 누군가는 C와 D를 맞아 재수강의 운명을 떠안아야 한다. 이처럼 절대 다 같이 잘 될 수 없는 구조는 공존과 상생을 모르는 우리 사회의 비극적인 모습으로 이어지곤 한다.

우리는 교육의 의무와 책임이 지식전달에만 있지 않다는 것을 안다. 하지만 그것을 머리로만 알고 있는 한 공동체 정신, 약자 배려, 다양성 존중 등 무형의 가치는 뒷전으로 밀려날 수밖에 없다.

러시아 대학에서 치르는 시험은 그 방식이 특이하다. 이공계열은 경우에 따라 조금 다르지만, 인문계열은 거의 모든 시험을 구두로 본다. 예를 들어 19세기 러시아사 시험을 앞두었다고 가정해보자. 19세기 러시아사와 관련된 60~90개, 많게는 120개에 달하는 질문 목록을 미리 받아 준비한다. 시험 당일 시험장에서 두 가지 질문이 적힌 쪽지를 블라인드로 뽑는다. 내가 준비한 주제가 나올 수도 있고, 아예 펼쳐보지도 못한 문제가 나올 수도 있는, 말 그대로 복불복이다.

15분 정도의 준비시간이 지나면 입장한 순서대로 교수와의 1대1 구두시험이 시작된다. 모두가 지켜보는 가운데 5분 정도 주제에 대해 얘기하다 보면 교수가 질문을 시작한다. 교수의 질문은 대부분 즉흥적이라 예측이 어려운 데다 질문의 개수도 정해진 게 없다. 질의응답이 모두 끝나면 교수는 그 자리에서 점수를 발표한다. 그래서 애초에 질문을 '잘' 뽑는 것이 중요하다.

그런데 '운발'이 따르지 않는 시험을 '말발'로 살리는 경우가 종종 있다. 러시아는 점수가 5점제인데, 쉽게 말해 5점은 A, 4점은 B, 3점은 C, 2점은 F다. 학생이 점수에 만족하지 못할 경우 추가 질문을 교수에게 요청할 수 있다. 그 요청을 수락하는 것은 교수의 마음이지만, 추가 질문에 대답을 잘하면 점수가 뒤집히는 경우도 있다. 그래서 피시험자에게 말발은 심폐소생술과 같은 마지막 필살기가 될 수 있다.

시험 점수가 교수의 주관에 따라 좌우되는 만큼 변수는 다양하다. 공부만 잘해서 될 일이 아니다. 시험장 입장순서, 뽑은 주제, 교수의 컨디션, 학생의 순발력, 말발 등 많은 요소들이 점수에 영향을 미친다. 그래서 '러시아식' 시험은 종종 학생들에게 사는 법을 가르치는 것 같기도 하다.

또 한 가지 특징을 꼽자면, 러시아에는 교내 서열 문화가 없다는 점이다. 중고등학교에서는 물론 대학에서도 예외가 아니다. 신입생이나 졸업생을 특별히 챙기지도 않는다. 그저 1학년 때는 모두가 선배고, 해가 지날수록 뉴 페이스가 보이면 신입생이겠거니 추측하는 정도다.

학생과 교사 또는 교수와의 관계도 상당히 수평적이다. 교수의 권위는 존중하지만 권위주의는 용납하지 않는다. 권위 있는 교수의 주장을 맹신할 수 없다는 인식이 저변에 깔려 있다. 예의가 학자의 미덕은 아니지만 가끔은 무례하다 싶을 정도로 거침없이 주장과 반론을 제기하는 학생들을 목격할 수 있다. 하기야 세상만사기존 권위에 대한 의심과 도전을 받지 않고 발전한 것은 아무것도 없다.


# 러시아인의 민족 신앙, 정교

기독교는 예수를 그리스도, 즉 구세주로 고백하는 종교다. 이는 또한 예수의 가르침을 따른다고 주장하는 모든 종교적 공동체에 해당하는 보편적 분류다. 현재 기독교는 크게 로마가톨릭교회(천주교), 동방정교회(정교), 개신교회(개신교)로 구분된다.

기독교 역사를 거슬러 올라가면 로마 제국의 황제 콘스탄티누스 대제(1세)Constantinus I를 빼놓을 수 없다. 그는 첫 번째 기독교인 군주로서 기독교 발전에 크게 기여한 인물이다. 313년 밀라노 칙령 Edict of Milan은 로마 제국 시민들에게 신앙의 자유를 허용해주고 기독교인에게 교회를 조직할 권리를 보장해주며 탄압시대에 몰수한 교회의 재산을 도로 반환하고 보상하도록 했다.

그렇게 공인된 기독교는 널리 확산되면서 크게 다섯 총대주교구 또는 지역(로마, 콘스탄티노플, 알렉산드리아, 안티오키아, 예루살렘)으로 구획되었다. 교회사에서 이 다섯 지역의 교회를 초대교회 또는 고대교회라고 부른다. 이들은 공의회를 중심으로 하나의 교회를 이루며 발전하는 듯 보였지만, 그리스어를 쓰던 동방지역과 라틴어를 쓰던 서방지역은 관습의 차이가 정치적인 여건과 결부되면서 서로 조금씩 멀어지고 있었다.

결국 1054년 하나였던 기독교는 서방교회(로마가톨릭교회)와 동방교회(정교회)로 분열되었다. 교리에 대한 견해 차이는 분열의 명분이었고, 교황의 수위권 문제가 분열의 핵심 원인이었다. 두 교회는 관계를 복원하기 위해 노력했지만 제4차 원정에 나선 십자군의 콘스탄티노플 약탈과 학살이 모든 노력을 물거품으로 만들어버렸다.

러시아인들은 정교를 믿는다. 정교란 정통 또는 바른 가르침이라는 뜻이다. 정교가 그토록 강조하는 정통성Orthodox은 1054년 기독교가 분열되기 전 일곱 번의 공의회를 통해 결정된 사항들을 지금까지 변함없이 지키고 있다는 사실에 근거한다.

러시아 정교 역사는 천 년이 넘었다. 10세기 말 동로마 제국은 유럽의 강대국이자 키예프 루시의 중요한 교역국가였다. 그런 점을 감안해 988년 블라디미르 대공은 정교를 받아들였고 덤으로 비잔틴 제국의 공주까지 얻어 크림반도 헤르소네스Chersonesus에서 혼례를 치렀다.

13세기 초 몽골의 침입으로 한동안 정교회는 수도원 중심으로 명맥을 이어갔다. 1453년 비잔틴 제국이 오스만 투르크에 의해 멸망한 후 모스크바는 콘스탄티노플을 대신하는 일명 제3의 로마 Third Rome로서 동방정교의 새로운 구심점으로 떠올랐다.

1472년 루시의 대공 이반 3세Ivan III는 비잔틴 제국 마지막 황제의 조카딸 소피아 팔레올로기나Sophia Paleologina와 결혼해 동로마 제국의 계승자로, 동방정교의 수호자로 입지를 강화했다. 이때부터 러시아의 황제는 카이사르Caesar에서 유래된 차르Tsar라는 명칭을 쓰기 시작했다.

또 같은 시기엔 신성로마제국과 비잔티움에서 사용되었던 쌍두독수리가 국가 문장에 처음으로 등장했는데, 국가와 교회를 각각 상징하는 쌍두는 동로마 제국의 황제가 국가와 종교의 모든 권한을 갖고 있음을 의미했다.

1917년 사회주의 혁명 이후 러시아 정교는 또다시 핍박의 시대를 맞았다. 한편 무신론을 표방하던 사회였음에도 불구하고 사람들은 몰래 세례를 받으면서까지 종교적 전통을 지키고자 노력했다. 종교적 박해는 상상 그 이상이었다. 특히 모스크바의 구세주 성당과 같은 국보급 성당 대부분이 한때 신학생이었던 스탈린에 의해 허무하게 무너져 내렸다.

## 같은 하나님, 다른 십자가

정교의 몇 가지 특징을 살펴보면, 우선 정교회 십자가는 우리가 항상 봐왔던 십자가와 다르다. 기본 십자가 모양에 위에는 명판이, 아래에는 사선이 있다. 사선은 예수 그리스도가 골고다 언덕에서 십자가에 못 박혔을 당시 양쪽 십자가에 매달려 있던 두 강도 중 예수의 오른편에 매달려 있던 강도는 구원 받아 천국으로, 예수의 왼편에 있던 강도는 회개하지 않아 지옥으로 가게 되었다는 일화를 상징적으로 시각화한 것이다.

성호경을 외울 때 손가락을 모아 십자성호를 긋는 순서에도 차이가 있다. 십자성호를 그릴 때 가장 먼저 이마에서 배로 긋고, 그다음 양 어깨를 순서대로 짚게 되는데, 천주교에서는 왼쪽 어깨를, 정교에서는 오른쪽 어깨를 먼저 짚는다.

이에 대한 여러 가설이 존재한다. 정교에서 오른쪽 어깨부터 짚는 것은 골고다 언덕에서 오른편 십자가에 못 박힌 강도가 회개하고 구원받았기 때문이라고 한다. 한편 천주교에서 왼쪽 어깨부터 긋는 이유는 예로부터 로마 병정들이 경례할 때 심장이 있는 왼쪽 가슴을 주먹으로 쳤기 때문이라는 가설도 있다.

그밖에 사람의 목소리가 가장 아름다운 악기라고 여기는 정교는

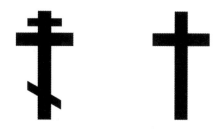

정교회 십자가(좌), 일반 십자가(우) 비교

예배 중 악기를 사용하지 않는다. 대신 반주 없는 합창곡, 즉 아카 펠라의 전통을 유지하고 있다. 악기의 소리를 배제하고 오직 목소리로 드리는 찬미가 더욱 순수하고 경건하다고 믿기 때문이다.

정교 성당에 들어가면 가장 먼저 발견할 수 있는 것이 초다. 빛을 내는 초는 예수 그리스도를 표현한 것이다. 현금으로 헌금을 내지 않는 정교에서는 신자들이 성초를 구입하는데, 이때 초는 파라핀으로 만든 양초가 아닌 밀랍으로 만든 밀초를 사용한다. 밀초는 약간 누르스름한 색깔에 향긋한 냄새가 특징인데, 피웠을 때 그을림이 없어 성상화가 상하지 않는다.

또 성당 내부에는 일부 노약자석을 제외하면 의자가 없다. 신부들의 주장에 따르면 이는 아주 단순한 개념에서 비롯된 전통이다. 오늘날 교회나 성당에서 진행되는 모든 예배는 과거 인간이 신에게 지냈던 제사와 다름없다. 그런데 피조물이 조물주에게 드리는 엄숙한 제사 의식을 어떻게 편히 앉아서 행할 수 있느냐는 것이다. 그럼에도 불구하고 우리나라를 포함해 일부 유럽 국가 정교에서는 앉아서 예배를 드리기도 한다.

가장 큰 차이점을 꼽자면, 러시아 정교는 그레고리력Gregorian Calendar이 아닌, 카이사르가 이집트력을 참고해 BC 45년에 제정한 율리우스력Julian Calendar을 기준으로 삼고 있다는 사실이다. 그레고리력은 16세기 후반 교황 그레고리우스 13세Gregorius XIII가 기존에 쓰이던 율리우스력의 역법상 오차를 수정해 공포한 것으로 오늘날 거의 모든 나라에서 사용하는 태양력이다. 지금도 율리우스력을 쓰는 정교회의 성탄절, 부활절 등의 축일은 서방교회와는 차이가 난다. 러시아에서 성탄절은 12월 25일이 아니라 1월 7일이다.

소련 해체 이후 러시아 정교회는 옛 명예와 위상을 되찾는 데 성공했다. 역대 러시아 대통령들이 정교회 공식 행사에 항시 참석하는 것만 봐도 정교회의 입지를 짐작할 수 있다. 하지만 러시아는 헌법상 지정된 국교가 없으며, 다만 정교회가 관습법적 국교로 또는 민족 신앙으로 러시아인들의 정신 속에 깊이 새겨져 있다.

1964년 동방교회와 서방교회는 분열한 지 약 900년 만에 처음 만났다. 교회 일체화를 위한 첫걸음을 내딛는 역사적인 순간이었다. 그 후 50년이 지난 2014년 예루살렘에서 정교회를 대표하는 바르톨로메오스 세계총대주교와 로마 프란체스코 교황이 다시 만났다. 당시 만남은 분열 상태를 극복하고자 하는 서로의 의지를 확인하는 상징으로 기록되고 있다.

## 한국에 정착한 정교회

2020년 한국 정교회는 120주년을 맞이했다. 100년 전 개신교가 미국 선교사들을 통해 조선에 전파되었듯이, 정교 역시 러시아 선교사들을 통해 조선에 처음 소개되었다. 1900년 2월 17일 러시아 공사관에서 거행된 첫 성찬예배가 바로 그 시작이었다. 하지만 1917년 볼셰비키 혁명으로 러시아 선교사들의 활동은 중단되었다.

해방 이후 자본주의와 사회주의 간의 진영 대립으로 한국에서는 소련과 연관된 모든 것에 적대감을 갖게 되었고, 이는 정교회를 바라보는 시선에도 영향을 미쳤다. 그러다 한국전쟁이 발발하자 UN 지원군으로 그리스 지상 전투 병력이 한국 땅을 밟게 되었는데, 당시 함께 파병 온 그리스 군종신부 안드레아스와 서울에 있던 정교회 공동체가 만나면서 한국 정교회가 되살아나는 계기가 마련되었다. 그 시점에 한국 정교회의 관할권도 세계총대주교청으로 옮기게 되었다.

현재 국내에는 서울, 인천, 부산, 울산, 전주, 춘천, 양구에 총 8개 정교회 성당이 있다. 초창기 한국 정교회는 서울 정동에 자리 잡고 있었다. 일제강점기를 거치면서 일본의 적산 토지와 건물이 된 정교회의 사유재산은 해방 이후 대한민국 정부로 귀속되었는데, 행정소송을 통해 땅을 돌려받고 1968년 마포구 아현동에 새로운 성당을 건축하게 되었다.

국내 정교회 성당을 방문하는 사람들은 그곳이 러시아 정교회인지, 그리스 정교회인지 궁금해 한다. 흔히 러시아 정교회와 그리스 정교회가 다르다고 생각하지만 그렇지 않다. 한국 천주교와 로마 천주교가 서로 다르지 않은 것처럼 말이다. 그저 하나의 정교회라고 보면 된다.

주일 성찬예배 형식은 4세기 요한 크리소스톰John Chrysostom이 제정하였으며, 이후 1,600여 년 동안 유지되고 있다. 성 니콜라스 대성당에서는 예배가 오전 8시 45분에 시작해 11시 45분에 마친다. 예배는 원칙상 한국어로 진행되며 러시아 교민들을 위한 예배는 따로 드려진다.

특징적으로 한국 정교회 성당에는 앉아서 예배를 드릴 수 있도록 의자가 마련되어 있다. 이는 앞서 소개한 바와 같이 각 성당마다 다르고 각 주교구마다 다르다. 또한 의자가 있다 하더라도 일어나는 순서가 많다. 또 주변에 위치한 성상화 앞에서 초를 켜거나 경배 드리는 등 예배의 형태도 다양하다.

## 국민 스포츠

우리나라에 태권도가 있다면 러시아에는 삼보SAMBO가 있다. 삼보는 러시아어로 맨손 호신술이라는 뜻이다. 원래 소비에트 연방 특수부대 스페츠나스Spetsnaz 격투 교과 과목이었던 삼보는 1938년 민속 격투기로 전환되었다. 러시아 군, 경찰은 물론 정재계 인사들도 익힐 정도로 오늘날 삼보는 러시아의 국민 생활 스포츠로 인식되고 있다. 방송을 통해 우리에게 잘 알려진 이종격투기 선수 표도르 예멜리야넨코Fyodor Emel'yanenko도 삼보 선수 출신이다.

그렇다면 삼보는 어떤 무술일까? 요약하자면 삼보는 유도, 주짓수, 레슬링을 합쳐놓은 무술이다. 유도는 '잡기의 운동'인데, 손이 허리벨트 밑으로 들어가면 반칙이다. 주짓수는 꺾고, 조르고, 누르는 그라운드 기술을, 레슬링은 하체 공격을 허용하는 종목이다. 삼보는 유도의 상체 기술, 주짓수의 그라운드 기술, 레슬링의 하체 기술을 모두 허용한다.

삼보는 스포츠 삼보와 컴뱃 삼보로 나뉜다. 스포츠 삼보는 위는 유도복과 유사한 도복을, 아래는 타이즈를 입고, 슈즈를 신는다. 시합장 매트도 레슬링 매트와 흡사하다. 스포츠 삼보가 유도, 주짓수,

레슬링 기술을 허용한다면, 컴뱃 삼보는 타격기술을 추가로 허용하기 때문에 이종격투기와 매우 흡사하다.

우리나라에서 한때 큰 인기를 끌었던 표도르는 컴뱃 삼보와 유도를 동시에 수련한 선수다. 게다가 러시아와 중앙아시아에서는 유도, 삼보 선수들이 양 종목 시합에 동시 출전할 수 있다. 그렇게 표도르는 유도를 수련하면서 삼보를 했고, 컴뱃 삼보 세계선수권대회에서 우승한 뒤 이종격투기로 전향했다. 국제삼보연맹FIAS 명예총재인 푸틴 대통령도 어릴 적 유도와 삼보를 수련했다.

국제삼보연맹에는 85개국 이상이 가입되어 있다. 하지만 여전히 세계선수권대회 메달은 러시아가 대부분 쓸어간다. 러시아는 삼보를 올림픽 종목으로 만들고 싶어 한다. 이는 소련시절부터 스포츠 강국이었던 러시아의 자존심 문제이기도 하다. 올림픽까지는 아니어도 삼보가 2018년 자카르타 아시안게임 종목으로는 채택된 바 있다. 하지만 해당 종목이 유도, 레슬링과 유사하다는 점과 러시아의 끊이지 않는 도핑 논란은 올림픽 종목 채택에 현실적인 어려움을 가하고 있다.

그런 와중에 대한민국은 삼보의 아시아 거점으로 자리매김했다. 2003년 한국에 처음 들어온 삼보의 역사는 비록 짧지만 대한민국 삼보 선수들의 빠른 발전과 뛰어난 기량은 수많은 국제대회에서 이미 인정받고 있다.

과거 소련은 동·하계 올림픽을 통틀어 3위로 떨어져본 적 없는 스포츠 강국이었다. 특히 러시아는 동계 스포츠 종목에 강하다. 그

중에서도 러시아인들이 가장 큰 자부심을 느끼는 종목을 꼽으라면 단연 아이스하키다.

과거 소련 아이스하키 팀은 그야말로 무적이었다. 올림픽을 되짚어보면 1964년, 1968년, 1972년, 1976년, 1984년, 1988년 모두 소련이 우승했다. 또 전통적인 아이스하키 라이벌 러시아와 캐나다 간의 대결은 항상 국제적인 관심을 끌었다.

하지만 소비에트 해체 이후 구소련 출신 선수들이 북미 아이스하키 리그NHL에 진출하자 분위기는 달라졌다. 이는 러시아 아이스하키를 약화시키는 동시에 저변 확대에 걸림돌이 될 수밖에 없었다. 그 파급효과는 어마어마했고, 1992년 이후 러시아 아이스하키 팀이 동계 올림픽에서 금메달을 거머쥐는 데까지 26년이 걸렸다.

2008년 러시아는 NHL 대항마로 유라시아를 아우르는 콘티넨탈 하키 리그KHL를 출범시켰다. KHL은 러시아, 라트비아, 벨라루스, 체코, 핀란드, 슬로바키아, 카자흐스탄, 중국의 베이징 등 유라시아 대륙을 연합하는 리그다.

KHL은 정치권과도 밀접한 관계를 이루고 있다. 푸틴 대통령이 개인적으로 하키광인 데다 가즈프롬과 같은 국영기업이 구단주인 팀들도 많다. 국가 정책상 아이스하키를 육성하려는 노력을 쏟고 있지만 아직 KHL 출범 때만큼의 효과나 성과는 거두지 못하고 있다.

TV에서 푸틴 대통령이 아이스하키 장비를 갖추고 링크를 뛰는 모습을 종종 볼 수 있다. 그가 러시아 하키 영웅들과 함께 링크에서 친선경기를 펼치는 모습이 전파를 타기도 한다. 분위기는 대대장과 함께 뛰는 군대축구와 별반 다를 것 없겠지만 홍보 효과는 상당하다.

러시아는 하키를 외교 수단으로 적극 활용하고 있다. 한 사례로, 중국 베이징에서 결성된 KHL 팀 쿤룬 레드스타Kunlun Red Star는 세계적인 화제를 불러 모았다. 공식 방중 기간 중 쿤룬 레드스타와 KHL 간 조인식에 푸틴 대통령과 시진핑 주석이 나란히 참석했기 때문이다.

실제 러시아는 베이징 하키 팀에 많은 지원을 하고 있다. 러시아는 NHL조차 눈독을 들이고 있던 중국 시장을 개발함으로서 KHL의 저변을 확대하는 데 어느 정도 성과를 거두었다. 한편 중국은 러시아의 도움을 받아 아이스하키 수준을 끌어올리는 데 총력을 기울이고 있다.

## 클래식 강국의 비결

클래식 애호가들이나 연주자들에게는 러시아에 대한 막연한 동경심이 있다. 마치 그 나라에는 특별한 뭔가가 있을 것 같고, 그들만의 비결이 있을 것 같은 인상을 주기 때문이다. 클래식의 종주국도 아닌데 말이다. 그렇다면 클래식은 언제 러시아로 유입되었을까?

세속 음악 또는 비종교 음악으로 인식되던 서양의 클래식은 정교회의 반대에 부딪혀 러시아에 비교적 늦게 들어왔다. 그러다가 이반 뇌제Ivan IV가 즉위한 16세기 중반부터 러시아 황실은 서양 작곡가들과 연주자들을 초청해 상주시켰다.

표트르 대제는 개인적으로 음악을 좋아하지 않았다. 다만 서양음악을 문명의 상징으로 인식했고 서양화되기 위한 하나의 수단으로 여겼다. 황실에서 이탈리아 오페라를 즐겨 들었던 문화 덕분에 서양음악은 러시아 상류사회에서도 큰 관심을 모았다. 러시아에도 작곡가들은 있었으나, 이들의 존재를 인식하지 못할 정도로 러시아의 특권층은 서양음악에만 심취해 있었다.

러시아의 사회지도층은 서구의 예술음악, 특히 이탈리아, 프랑스, 독일의 음악을 요구했다. 러시아 작곡가들은 서양음악을 모방할 수밖에 없었는데, 서양식 작곡법을 배워보지 못했기에 그마저도 쉽지 않았다. 한편 18세기에 형성되기 시작한 음악적 토대는 19세기에 황금기를 맞은 러시아 클래식의 기반이 되었다.

19세기에 접어들어 러시아와 북부 유럽을 중심으로 애국심과 민족의식을 고취시키는 국민악파 음악이 등장하기 시작했다. 그리고 그 시대적 바탕에는 나폴레옹의 러시아 침공, 잦은 전쟁과 독립을 위한 저항 운동이 깔려 있었다.

러시아 민족주의 음악의 선구자로 불리는 작곡가 미하일 글린카Mikhail Glinka는 자신의 음악에 러시아적 요소를 담기 시작했다. 글린카는 우리나라의 현제명 작곡가와 같은 사람이다. 현제명은 서양에서 음악을 배우고 돌아와 우리나라 최초의 오페라를 만들었는데, 이처럼 글린카 역시 유럽에서 공부하고 러시아 최초의 오페라 「이반 수사닌Ivan Susanin」을 작곡했다.

머지않아 글린카의 영향을 받은 젊은 작곡가들이 등장했다. 밀리 발라키레프Milii Balakirev, 니콜라이 림스키코르사코프Nikolai Rimskii-Korsakov, 모데스트 무소륵스키Modest Musorgskii, 알렉산드르 보로딘Aleksandr Borodin, 체자르 큐이César Cui 등, '러시아 5인조' 또는 러시아 국민악파Moguchaya kuchka로 통하는 이들은 모두 귀족 출신으로서 다른 직업에 종사하며 창작활동을 벌였다.

5인조의 가장 중요한 예술적 목표는 서유럽의 영향에서 벗어나 독자적인 러시아 음악을 육성하는 것이었다. 이들은 약 25년 동안 협력하며 오페라, 교향시 등을 창작했으며, 슬라브 민요를 작곡의 창조적 원천으로 삼았다.

5인조는 서구음악이 압도적이던 러시아 음악계에 커다란 영향을 미친 혁신적 세력이었고, 그 근본에는 당시 비사리온 벨린스키Vissarion Belinskii, 니콜라이 체르니셉스키Nikolai Chernyshevskii 등의 민주주의 사상이 있었다.

우리에게 낯익은 드미트리 쇼스타코비치Dmitrii Shostakovich, 이고리 스트라빈스키Igor' Stravinskii, 세르게이 프로코피예프Sergei Prokof'ev 역시 이 5인조의 영향을 받은 작곡가들이다.


한국 사람이라면 대부분 어릴 적 태권도장을 다녀본 경험이 있을 것이다. 마찬가지로 러시아 사람이라면 한번쯤 음악학교를 다녀본 경험이 있다. 일반학교와 병행하면서 다닐 수 있는 음악학교는 7년 과정인데 대부분 무상이거나 소액의 비용을 지불하면 누구나 다닐 수 있다.

음악학교에서 학생들은 다양한 음악 교육을 체계적으로 받는다.

전공, 부전공, 음악 이론, 음악 역사, 합창, 오케스트라 등이 교육 과
정에 포함되어 있다. 괜히 학교라고 불리는 게 아니다. 졸업 후 음
악에 뜻이 있는 학생들은 음악고등학교에 진학할 수 있다.

예체능 문턱이 높은 문화강국은 존재하지 않는다. 러시아 정부
가 자국민에게 음악을 값싸게 배울 수 있도록 지원하는 데는 나
름의 이유가 있다. 어릴 때 악기를 한번이라도 만져본 아이들은
10~20년이 지나 클래식 소비자로 전환될 가능성이 높기 때문이
다. 음악교육의 진입장벽을 낮춰 미래의 소비자를 양성하고 그로
인해 클래식 시장이 자생력을 갖추도록 하겠다는 취지다. 또한 이
같은 정책은 수많은 클래식 대가들이 남긴 공공의 유산을 보전하
는 방법이기도 하다.

## 클래식 황금기를 이끈 3인방

세계적인 러시아 작곡가를 꼽으라면 표트르 차이콥스키Pyotr
Chaikovskii, 세르게이 라흐마니노프Sergei Rakhmaninov 그리고 드미
트리 쇼스타코비치를 꼽는다. 이들을 배제하고 러시아 클래식을
논할 수 없기 때문에 간략하게나마 살펴볼 만한 가치가 있다.

넉넉한 집안에서 태어난 차이콥스키는 어릴 적부터 뛰어난 음악
적 재능을 보였다. 플루트를 취미로 연주하던 아버지와 피아노 연
주와 가곡을 즐겨 부르던 어머니의 재능을 물려받았다. 하지만 부
친의 의사에 따라 그는 법률학교에 입학했고, 졸업 이후에는 법무

성의 서기로 근무했다. 차이콥스키는 서양 문화에 관심이 많았을 뿐더러 프랑스어와 이탈리아어를 자유자재로 구사할 수 있었다.

사실 차이콥스키의 부친은 아들의 음악적 재능에도 관심이 많았다. 직장생활을 하면서 음악 공부를 이어나가도록 권유한 사람도 차이콥스키의 아버지였다. 결국 공무와 음악 공부를 병행하던 23살의 청년은 직장을 그만두고 안톤 루빈슈테인Anton Rubinshtein이 설립한 러시아 최초의 음악교육기관인 상트페테르부르크 음악원에 입학했다. 졸업 후 차이콥스키는 모스크바 음악원에 교수로 초빙되어 작곡 활동에 전념했다.

개인사적으로 차이콥스키는 비록 결혼에 실패하고 의문사로 생을 마감했지만, 음악사적으로는 러시아의 민속음악과 서양음악의 합일점을 극대화시켜 러시아 음악을 세계에 알리는 큰 공을 세웠다. 그의 주요 작품은 가극 「예브게니 오네긴」(1878), 발레 음악 「백조의 호수」(1876), 「잠자는 숲속의 미녀」(1889), 「호두까기 인형」(1892), 피아노 협주곡 1번(1875), 교향곡 6번 「비창」(1893) 등이다.

라흐마니노프는 차이콥스키를 정신적 스승으로 여겼던 작곡가다. 당시 러시아는 민족주의 열풍이 불면서 민족주의 색채가 강한 음악이 주류를 이루었다. 그런데 차이콥스키의 영향을 받은 라흐마니노프는 서구음악을 기본 바탕으로 러시아의 서정적이고 낭만적인 민속 음들을 표현하는 데 탁월한 능력을 보였다.

라흐마니노프는 클래식계의 '큰 손'으로도 유명했다. 엄지로 도를 짚으면 새끼손가락으로 다음 옥타브의 라까지 닿았다고 하니 말이다. 그래서 오늘날까지 그의 작품을 완벽히 소화할 수 있는 연주자는 많지 않다. 특히 19살의 라흐마니노프가 작곡한 오페라 「알레코Aleko」는 모스크바 음악원 설립 이래 최고 점수 5+++를 받은 유일한 졸업 작품으로 남아 있다.

10대에 이미 남다른 능력을 발휘한 라흐마니노프에게 세계적인 명성을 안겨준 작품은 피아노 협주곡 2번이었다. 그의 작품 중에는 유독 성악곡들이 아름다운데, 가사 없이 모음으로 노래하는 「보칼리제Vocalise」라는 곡이 여태껏 가장 사랑받는 솔로 성악곡으로 꼽힌다.

1917년 사회주의 혁명이 일어나자 귀족 출신인 라흐마니노프는 미국으로 망명하였다. 새로운 작품이 많이 나왔다거나 대중적인 히트곡을 내놓지 못했지만 자신이 작곡한 작품들을 연주하는 피아니스트로, 지휘자로 활동하며 여생을 보냈다.


쇼스타코비치는 9번 교향곡의 저주를 깬 작곡가로 유명하다. 우리에게 흔히 알려진 9번 교향곡은 베토벤의 합창곡이다. 당시 베토벤의 교향곡 9번이 위대하다는 평을 받았던 이유는 오케스트라에 합창을 접목시킨 최초의 교향곡이었기 때문이다.

쇼스타코비치가 세계적인 작곡가 반열에 오른 뒤 9번 교향곡을 작곡한다고 밝히자 모두가 베토벤의 9번 교향곡에 버금가는 엄청난 대작을 기대했다. 하지만 쇼스타코비치의 9번은 가볍고 경쾌했다. 음악적 완성도는 높았지만 심오하고 웅장한 곡을 기대했던 대중은 악평을 쏟아냈다.

심혈을 기울여 만든 작품들이 비평을 받자 그는 대중이 좋아하는 음악을 만들기 시작했다. 9번 교향곡이 혹평을 받은 이후 쇼스타코비치는 10번을 작곡하는 데 집중했다. 그 결과 자신만의 색깔을 충분히 표현해내면서 대중의 취향까지 사로잡는 음악을 탄생시켰다.

쇼스타코비치 역시 어릴 때부터 음악적 재능을 인정받은 수재였다. 19살 때 졸업 작품으로 만든 교향곡 1번이 세계적인 주목을 받으면서 러시아가 낳은 음악 천재, 현대의 모차르트 등의 수식어와 함께 이름을 알렸다.

쇼스타코비치 작품 중에는 정부 제재를 받은 곡도 많았지만, 동시에 그는 소련 정부로부터 가장 많은 상장을 받은 작곡가였다. 특히 그는 넓은 음악적 스펙트럼을 선보이며 영화음악도 많이 만들었다. 영화나 드라마에서 한 번쯤 들어봤을 재즈모음곡 왈츠 2번이 바로 쇼스타코비치의 작품이다.


우리나라에서는 사상이 다르다는 이유로 오랜 시간 소련 문화예술을 터부시했다. 쇼스타코비치 교향곡마저 금지곡이었다. 그러던 중 1988년 소련이 서울올림픽에 참가하고, 88올림픽을 기점으로 소련 공연단과 함께 소련 문물이 우리나라에 조금씩 들어오기 시작했다.

오늘날 한국에서 사랑받는 러시아 성악곡 레퍼토리로는 차이콥스키, 라흐마니노프, 쇼스타코비치 또는 러시아 국민악파 5인조의 가곡들을 들 수 있다. 좀 더 대중적인 무대에서는 모래시계의 주제가 「백학」, 러시아 가곡 「먼 길을 따라서」, 러시아 민요 「검은 눈동자」, 「카추샤」, 테트리스 주제가 「칼린카」 등이 잘 알려져 있다.

## 키릴문자와 러시아 문학

러시아 하면 흔히 문학이 연상될 정도로 러시아 문학은 세계적으로 유명하다. 우리나라에서도 번역본을 쉽게 구할 수 있다. 다만 도스토옙스키, 톨스토이, 체호프 등의 작품이 국내에서 가장 많이 소비되는 현실을 반영하듯 번역서 대부분이 19세기 문학에 국한되어 있다는 점은 아쉬운 대목이다.

최초의 러시아 문학 행위는 키릴문자Cyrillic alphabet, 즉 슬라브어 문자가 탄생한 10세기부터 생겨나기 시작했다. 초창기 문학은 성자전이나 교시, 역사 연대기 장르가 주를 이루었다. 그중 키예프 루시의 서사시 「이고리 군기The Tale of Igor's Campaign」와 「원초 연대기 Primary Chronicle」는 가장 오래되고 기념비적인 러시아 문학 작품으로 꼽힌다.

19세기 이전의 러시아 문학은 특별한 존재감이 없었다. 17세기까지 정교 문화에서 벗어나지 못한 러시아 문학은 헬레니즘 문화에 기반을 둔 서구 문학과 거리가 멀었다. 18세기에 접어들어 러시아 문학은 유럽의 고전주의 문학을 적극 모방하며 점차 근대 문학의 형태를 갖추어 나갔다.

사실 19세기까지만 해도 러시아의 문맹률은 95%에 달했다. 글을 읽고 쓸 줄 아는 것은 귀족의 특권이었다. 그래서 러시아 문학은 오랫동안 귀족 계층이 생산하고 향유하는 특권층의 전유물이었다.

여기서 러시아어 문자 이야기를 잠깐 짚고 넘어가면, 오늘날 로마자 다음으로 가장 많이 쓰이는 키릴문자는 표트르 대제의 문자 개혁을 시작으로 수차례의 변화를 겪었다. 그리고 1918년 철자법 개정을 끝으로 러시아어 알파벳은 모음 10자, 자음 21자, 부호 2개로 현재의 구성체계를 갖추게 되었다.

18세기 러시아 귀족 계층은 프랑스 문화에 중독되어 있었다. 그들은 대부분 프랑스 음식을 먹고 프랑스어로 말했다. 그 결과 러시아어 어휘는 불어의 영향을 크게 받았다. 프랑스어 단어를 가져와 형태소별로 분절해서 러시아어로 쓰기도 했다. '인플루언트'라는 불어 단어를 예로 들면 в(인)-лить(플루언트)-ние(명사)가 모여 '블리야니예(влияние)'가 된다. 이처럼 프랑스어의 영향으로 생긴 조어는 러시아어에 수없이 많다.

또한 러시아어에는 기독교 문화의 흔적도 많이 남아 있다. 대표적인 예로 한국인들이 가장 열광하는 단어이자 '감사합니다'를 의미하는 '스파시바(спасибо)'는 '스파시(спаси)'와 '복(Бог)'의 결합어다. 직역하자면 "주여, 구원하소서"다. 일요일을 '바스크레세니예'라고 하는데, 이는 '부활'이라는 뜻이다.

맹목적인 프랑스 문화 추종을 비판하며 개혁을 이끌었던 지식인들도 있었다. 그 대표적인 인물이 바로 18세기 사상가이자 언어학자인 미하일 로모노소프Mikhail Lomonosov이다. 모스크바 대학 초대 학장을 지낸 그는 러시아 문어를 개혁했다. '러시아 문학의 표트르 대제'로 통하는 로모노소프는 러시아 문어를 교회 슬라브어로부터 해방시키고 문법 체계를 확립했다. 특히 그는 러시아어에 적합한 작시법을 정착시켜 훗날 알렉산드르 푸시킨과 같은 위대한 시인의 탄생에 일조했다.

우리나라 공중 화장실에서 한 번쯤 읽어봤을 "삶이 그대를 속일지라도 슬퍼하거나 노하지 마라"가 바로 푸시킨의 시에서 인용된 문구다. 어쩌면 이 구절이 푸시킨보다 더 유명할지도 모르겠다.

우리에게 잘 알려진 것은 19세기 러시아의 리얼리즘 산문이지만, 러시아 문학사에서 시가 차지하는 비중은 매우 크다. 그래서 러시아인들의 문학 공부는 푸시킨의 시에서 시작된다.

## 문학 천재 푸시킨

러시아 문학의 황금기는 19세기다. 18세기가 모방의 시대였다면 19세기는 창작의 시대였다. 알렉산드르 푸시킨, 니콜라이 고골, 표도르 도스토옙스키Fyodor Dostoevskii, 레프 톨스토이Lev Tolstoi, 이반 투르게네프Ivan Turgenev 등의 대문호들이 당시 러시아 지성사회를 이끌었다.

러시아 문학사를 통틀어 반드시 알아야 할 단 한 명의 작가를 꼽으라면 단연 푸시킨이다. 러시아 문학은 푸시킨을 기점으로 나뉜다고 해도 과언이 아니다. 그는 서정시, 서사시, 소설, 단편, 에세이, 희곡 등 유럽의 모든 문학 장르를 19세기 러시아에 도입시켰다. 게다가 푸시킨은 현대 러시아어의 창시자이자 러시아 문어를 완성해

커다란 족적을 남겼다.

알렉산드르 푸시킨은 최초로 귀족 계급의 특권과 사회적 위계를 거부하고 예술가가 된 인물이다. 그의 아버지는 유서 깊은 귀족 가문 출신이었고, 어머니는 표트르 대제의 총애를 받아 귀족이 된 아프리카 출신 한니발 장군의 손녀였다. 푸시킨의 초상화에서 화가 오레스트 키프렌스키Orest Kiprenskii가 섬세하게 표현한 검은 곱슬머리는 시인의 혈통을 보여주는 단서이기도 하다.

푸시킨은 러시아 유모와 프랑스 가정교사에게 교육을 받으며 자랐다. 특히 유모와의 관계가 돈독했는데, 훗날 그의 문학에 지대한 영향을 미친 것도 유모가 들려준 러시아 민담이었다.

가정교사가 가르쳐준 당시 프랑스 유행 사상과 전제군주제에 대한 비판적 시각은 푸시킨의 사상에도 큰 영향을 주었다. 그는 자유주의 기풍에 물들며 진보적인 낭만주의 문학 그룹에 합류하였다. 푸시킨이 비록 혁명적 인간은 아니었지만, 그의 시는 전제군주제에 대한 염증이 폭발한 1825년 데카브리스트Dekabrist들에 의해 구호처럼 읽혔다.

음악가들에게도 푸시킨의 문학 세계는 영감의 원천이었다. 글린카의 오페라 「루슬란과 류드밀라」, 차이콥스키의 오페라 「예브게니 오네긴」, 「스페이드의 여왕」, 「마제파」, 무소륵스키의 오페라 「보리스 고두노프」, 라흐마니노프의 「알레코」, 림스키코르사코프의 「모차르트와 살리에리」, 「술탄 황제 이야기」 등 모두 푸시킨의 작품이 원작이다.

스탈린 체제의 등장과 함께 소련 문학은 프롤레타리아 문학 일색으로 변형되었다. 이러한 변화는 스탈린 체제가 공고하게 되면서 가속화되었다. 그래서 1917년 볼셰비키 혁명 이후 러시아 문학은 새로운 사회주의 국가 건설에 알맞은 '프롤레타리아 문학'과 이에 저항하는 '망명 문학'으로 나뉘게 된다.

1934년부터는 사회주의 리얼리즘의 원칙에 따라 각종 현안을 소재로 다룬 작품들이 양산되었다. 사회주의 리얼리즘의 절대적 권위는 1952년 스탈린 사망 이후에야 흔들리기 시작했다. 1980년대에는 고르바초프의 글라스노스티 개방정책으로 검열이 완화되면서 「닥터 지바고」의 저자 보리스 파스테르나크Boris Pasternak와 같은 블랙리스트 작가들이 재조명 받기 시작했다.

러시아 문학은 억압 속에서 꽃피웠다. 돌이켜 보면 러시아 문학은 한 번도 검열에서 자유롭지 못했다. 그래서 검열이 러시아 문학 발전의 원동력으로 작용했다는 주장은 일리가 있다.


1910년부터 시작된 35년의 일제강점기와 45년의 냉전체제 속에서 한국과 러시아 간의 교류는 오랜 시간 단절되어 있었다. 1990년 한소수교를 통해 양국 관계가 회복되었지만 여전히 러시아 현대문학에 대한 우리의 인식은 미미한 수준이다.

러시아 문학이 우리에게 유독 어렵게 느껴지는 것은 당연하다. 내용은 길고, 책은 무거운데, 등장인물의 이름은 또 얼마나 어려운가! 특히 성, 이름, 부칭, 애칭, 호칭에 대한 이해 없이는 누가 누군지 헷갈리기 십상이다.

최근 몇 년 사이 러시아 현대 문학 작품들이 하나 둘씩 한국어로 번역되어 출간되기 시작했다. 19세기 러시아 문학을 독파한 분들에게도 반가운 소식이지만, 문학 장르가 생소한 독자들이 접하기에도 러시아 현대 문학은 무난하다. 특히 1990년대 이후 작품들은 현대 러시아를 입체적으로 이해하기 위한 수단으로서 읽어볼 가치가 충분하다.

## 문학에서 연극으로, 연극에서 영화로

문학이 발달한 나라들을 보면 공통적으로 연극이 발전했다. 좋은 연극의 전제는 좋은 시나리오인데, 영국과 러시아에서는 훌륭한 문학 작품들을 기반으로 연극을 만들어냈으니, 배우들의 연기는 물론, 연극의 완성도가 높을 수밖에 없었다.

우리는 누군가의 사실적인 묘사나 재현을 메소드 연기Method acting라고 부른다. 사람들은 진정한 배우는 사실적으로 연기해야 한다고 믿는다. 하지만 불과 100년 전만 해도 사실적인 느낌을 전달하지 못하는 배우의 과장된 연기를 보고도 이상하게 생각한 관객은 한 명도 없었다.

이 점을 처음 지적한 사람이 바로 러시아의 연출가 콘스탄틴 스타니슬랍스키Konstantin Stanislavskii다. 그는 관객이 마치 현실을 눈앞에서 보고 있다고 느끼게끔 배우의 연기가 자연스러워야 한다고 주장했다. 결국 배우들의 연기법을 바꾸기 위해 그가 창안한 것이 바로 리얼리즘 연기법이었다. 이 연기법이 훗날 미국으로 넘어가

메소드 연기법이라는 이름으로 뿌리내렸다.

스타니슬랍스키는 다음과 같이 조언했다. "첫째, 배우는 무대에서 자연스럽고 설득력 있게 행동하고 우리가 일상생활에서 들을 수 있는 목소리를 내려고 노력해야 한다. 둘째, 배우는 자신이 맡은 배역의 '내적 진실'을 전해줄 수 있어야 한다. 셋째, 배우는 무대 위에 드러나는 인물의 삶을 현실처럼 지속적이고 역동적으로 표현해야 한다. 넷째, 같은 장면에 나오는 다른 연기자와 호흡을 잘 맞출 수 있어야 한다." 단순명료하지 않은가?

러시아는 연극에서 멈추지 않고 영화 산업까지 빠르게 확장했다. 최초의 영사기를 에디슨이 발명했다면, 최초의 대중영화는 프랑스의 뤼미에르 형제Lumière brothers가 제작했다. 1896년 이들이 만든 최초의 영화는 「기차의 도착Arrival of a train at La Ciotat」이었다. 기차가 플랫폼에 도착하는 장면에서 관객들이 순식간에 의자 밑으로 숨거나 밖으로 뛰쳐나갔다는 일화는 아주 유명하다.

초창기 영화는 특정 장면을 한 번의 컷으로 촬영해 보여주는 1~2분짜리 동영상에 불과했다. 몽타주Montage 기법으로도 불리는 편집 기술이 도입된 것은 그 이후였다. 이 몽타주 이론을 창안한 사람이 바로 러시아의 레프 쿨레쇼프Lev Kuleshov다.

쿨레쇼프의 몽타주 이론을 완성시킨 인물은 고전 영화의 거장 세르게이 에이젠슈테인Sergei Eizenshtein이다. 그는 필름의 단편을 창조적으로 접합해 새로운 현실을 구축하고 시각적 리듬과 심리적 감동을 자아내는 데서 영화의 예술성이 성립된다고 주장했다. 오늘날에야 모든 영화에 적용되는 편집의 기본 개념이지만, 당시만 해도 컷들을 잘라 붙여 새로운 이야기를 만든다는 에이젠슈테인의 주장은 혁신 그 자체였다.

에이젠슈테인의 흑백 무성영화 「전함 포템킨Battleship Potemkin」은 오늘날까지 몽타주의 교과서로 꼽힌다. 세계적인 감독들도 에이젠슈테인 작품에서 영감을 얻었다고 고백한다. 실제로 오데사 항구에서 군인들이 총을 들고 계단을 내려오는 영화의 한 장면이 영화 「터미네이터」에서는 로봇들이 총을 메고 헌병처럼 나타나는 모습으로 재현되었고, 계단에서 유모차가 위험하게 내려오는 극적 장면은 수많은 영화와 광고에서 사용되었다.

이처럼 영화의 핵심 축을 이루는 편집기법과 연기법을 체계적으로 이론화하고 발전시킨 덕분에 러시아 영화는 산업화 단계로 접어들 수 있었다.


## 레닌이 일으킨 영화 산업

블라디미르 레닌Vladimir Lenin은 영화를 하나의 산업으로 성장시킨 장본인이다. 사회주의 혁명에 성공한 레닌은 집권의 정당성을 알리는 선전수단으로 영화를 택했다. 이는 높은 문맹률 때문이기도 했지만, 무엇보다 한 번 제작하면 공간적 제약 없이 볼 수 있다는 점에서 가장 적합한 형태라고 판단했기 때문이다. 결국 정부의 전폭적인 지원으로 초창기 영화는 소련에서 비약적인 발전을 거둘 수 있었다.

1919년에 모스크바에 설립된 브기크VGIK 대학은 세계 최초의 영화학교다. 바로 이 대학에서 영화 이론과 수업 커리큘럼이 최초로 정립되었다. 소련의 움직임에 영향을 받은 유럽과 미국에서도 영화학교가 생겨나기 시작했고, 오늘날 뉴욕, 파리, 런던의 세계적인 영화대학들도 바로 그때 탄생했다.

에이젠슈테인은 여행 중에 찰리 채플린Charles Chaplin을 만난 적이 있다. 당시 채플린 감독은 돈에 전전긍긍하며 힘들게 영화를 만들고 있었다. 반면 에이젠슈테인은 재정적인 어려움이 전혀 없었다. 정부의 승인만 받으면 영화 제작에 필요한 인력과 재정을 얼마든지 지원받을 수 있었다.

한 예로 1967년에 개봉한 러시아 영화「전쟁과 평화War and Peace」제작 당시 군인 수천, 수만 명이 실제로 동원된 바 있다. 딱히 돈이 되는 일은 아니었지만 제작자나 출연자는 예술을 위해 몸을 사리지 않았다. 오랜 역사를 자랑하는 러시아 영화사 모스필름 Mosfilm 메이킹 필름을 보면 카메라맨이 불구덩이에 뛰어드는 모습도 흔히 볼 수 있다.

하지만 이제는 이 모든 것이 한낱 과거의 이야기가 되어 버렸다. 이제는 여느 나라처럼 천문학적인 민간 자본 없이 영화 제작이 불가능한 데다, 흥행에 성공해야 투자금도 회수하고 다음 작품도 할 수 있다.

러시아 영화 팬들 사이에서 잘 알려진 우리나라 영화인은 김기덕 감독이다. 러시아 영화 비평가들이 논문 주제로 가장 많이 다룬 사람도 김기덕이다. 그 뒤를 이을 인물은 아마도 영화 「기생충」으로 전 세계인의 관심을 한 몸에 받은 봉준호 감독이 되지 않을까?

러시아에서는 영화를 책 읽듯이 본다. 우리가 일반적으로 영화의 제목, 배우 등 흥미적인 요소를 보고 영화를 선택한다면, 많은 러시아인들은 영화 마니아가 아니더라도 감독이 누구인지, 촬영감독은 누구인지를 관심 있게 들여다본다.

러시아 관객은 철학적인 영화, 예술 영화를 선호하는 경향이 강하다. 김기덕 감독을 좋아하는 이유도 여기에 있다. 영화 「봄, 여름, 가을, 겨울 그리고 봄」을 보고 눈물을 흘렸다는 후기도 심심치 않게 눈에 띈다. 게다가 러시아인에게도 동양은 항상 진기한 세계다.

또 러시아 관객들은 전쟁 영화를 좋아한다. 러시아와 한국은 각각 제2차 세계대전과 6·25 전쟁을 치렀지만, 러시아는 전쟁을 이겨본 경험이 있고, 한국은 없다. 이것이 바로 러시아인들이 전쟁 영화에 유독 관심이 많은 이유다.

모든 전쟁은 똑같이 잔인하고 똑같이 슬프다. 하지만 승리의 역사가 가져다주는 기쁨은 비교할 수 없을 만큼 크다. 그러고 보면 러시아 극장가에서 흥행에 성공한 첫 번째 영화가 「태극기 휘날리며」였다는 점이 놀랍지 않다.


## 이콘화와 러시아 근대 미술

러시아 하면 주로 문학, 발레, 음악 등을 연상케 되는데, 그렇다면 미술을 떠올리는 사람은 얼마나 될까? 20세기 이데올로기 대립 속에서 러시아 미술은 정당한 평가를 받지 못했다. 일리야 레핀Il'ya Repin, 발렌틴 세로프Valentin Serov, 미하일 브루벨Mikhail Vrubel' 등의 명성 있는 작가들이 서양 미술사에 이름을 올리지 못한 것도 이 때문이다. 그런데 사실 알고 보면 우리에게 낯익은 바실리 칸딘스키 Vasilii Kandinskii, 마르크 샤갈Marc Chagall, 카지미르 말레비치Kazimir Malevich 등은 러시아 태생이다.

러시아 미술사는 성화, 즉 이콘화Icon에서 출발한다. 과거 사람들은 성경의 상징적인 인물들을 담아내는 이콘화를 그림으로 인식하지 않았다. 이콘화는 감상의 대상이 아니라 숭배의 대상이었다. 특히 글을 모르는 민중들에게는 교리와 가르침을 전달하는 수단이었다. 15세기 이콘화 화가 안드레이 루블료프Andrei Rublyov가 그린 이콘화는 지금도 신성시되고 있다.

근대화가 늦어진 러시아에서 이콘화의 전통은 오랫동안 유지되었다. 사회주의 혁명이 일어나기 전까지만 해도 이콘화는 부적과 다름없었다. 집집마다 신성한 동편에는 항상 이콘화와 촛대가 자리 잡고 있었다. 그러다 보니 러시아 화가들 중에는 이콘화로 그림을 처음 배운 작가들이 많았다.

과거 동방정교를 국교로 택했던 러시아는 오랜 세월 서구 문명의 원천인 그리스 로마 문명과 단절된 상태에 머물렀다. 서유럽이 화려한 르네상스기를 맞으며 근대적 발전을 거듭하는 동안에도 러시아는 중세 신비주의에서 빠져나오지 못하고 있었다.

결국 17세기 말부터 이콘화의 입지가 좁아지기 시작했다. 회화에 근대화 바람을 불어넣은 표트르 대제는 뛰어난 서유럽 작가들을 궁전으로 초청했고, 유망한 러시아 작가들을 유학 보내기도 했다. 근대적 미술 교육이 도입되고 세속의 그림을 그리는 화가들이 등장하면서 이콘화는 점차 종교 미술로 남게 되었다.

1762년 독일의 가난한 귀족 출신의 예카테리나 2세Ekaterina II가 남편 표트르 3세Pyotr III를 퇴위시키고 제위에 올랐다. 러시아 역사는 그를 표트르 대제가 시작한 근대화 개혁을 완수한 위대한 계몽 군주로, 러시아의 영토를 넓히고, 학문과 예술을 발전시킨 인물로 기록하고 있다.

로마노프 왕조Romanov dynasty와 아무런 혈연관계가 없었던 예카테리나 2세는 남편을 독살했다는 의혹에 맞서 왕위 계승의 정통성을 공고히 하고 여론을 주도하기 위해 화가들에게 고전주의 미술을 주문했다. 고전주의의 주인공은 항상 미화된 영웅이었기 때문이다. 나폴레옹이 전쟁의 신 마르스로, 번개의 신 제우스로 표현된 것도 같은 맥락이다.

한편 여제가 통치하는 러시아는 유럽에서 가장 막강한 외교력을 행사했고, 무역 교역량은 유례없는 성장세를 누렸다. 또한 예카테리나 2세는 지금의 크림반도를 병합하며 러시아의 남방 경계선을 확장하는 데 성공했다. 18세기 중후반은 말 그대로 예카테리나 대제의 시대였다. 개혁의 가장 큰 수혜계층인 귀족의 시대였고, 그 호화로운 삶이 그림으로 표현되던 초상화의 시대였다.

# 미술계 브나로드 운동

19세기 러시아 미술에서는 민중의 삶을 묘사하는 풍속화와 풍경화가 핵심 장르로 떠올랐다. 이는 '이동파Peredvizhniki'라는 미술 유파의 등장과 연관이 있다. 이동파의 목적은 창작의 자유와 예술을 통한 민중 계몽이었고, 오로지 인간과 삶만이 최대 관심사였다.

이동파는 1863년 기존의 교육 방식과 자유롭지 못한 그림 주제를 거부한 예술 아카데미 학생 14명이 뜻을 모은 데서 시작했다. 이들은 아카데미를 나와 독자적으로 예술 협회를 조직했다.

이동파라는 명칭은 여러 도시를 이동하며 전시회를 연다는 뜻에서 붙여진 이름이다. 그러니까 이동파야말로 요즘 유행하는 '찾아가는 전시회'의 시초인 셈이다. 누구나 동시대 예술 작품을 감상할 수 있어야 한다고 주장했던 이동파 화가들은 지방 곳곳을 순회하며 전시회를 개최했다. 그림을 들고 민중 속으로 들어가 브나로드V narod(농촌계몽) 운동을 펼친 격이다.

또한 이들은 미에 대한 탐구보다 사회와 윤리 문제에 더 관심을 가졌고, 농노제의 유물과 자본주의의 악덕을 적발하는 그림을 그렸다. 작품 배경으로는 대부분 시골과 도시풍경이, 주인공으로는 농민과 도시민들이 등장했다. 화풍도 대중이 이해하기 쉬운 사실주의를 지향했다.

이동파의 주요 작가로는, 이동파를 결성한 이반 크람스코이Ivan Kramskoi를 필두로 일리야 레핀, 발렌틴 세로프, 바실리 페로프Vasilii Perov, 바실리 폴레노프Vasilii Polenov, 이삭 레비탄Isaac Levitan, 바실리 막시모프Vasilii Maksimov, 니콜라이 게Nikolai Ge, 바실리 수리코프 Vasilii Surikov 등이 있다.

특히 이동파에 몸담았던 화가들 중에는 러시아 풍경화의 물꼬를 튼 알렉세이 사브라소프Aleksei Savrasov, '숲의 차르' 이반 시슈킨 Ivan Shishkin, 바다 그림의 대가 이반 아이바좁스키Ivan Aivazovskii와 같은 풍경화 천재들을 빼놓을 수 없다. 비록 태양 찬란한 지중해성 기후는 아니지만 이들은 거칠고 광활한 자연 속 아름다움을 발견하고 표현하는 데 탁월했다.

하지만 이동파는 19세기 말 일리야 레핀과 바실리 수리코프 두 거장과 함께 정점을 찍고 1923년 전시를 끝으로 결성된 지 60년 만에 해체되었다.


이동파의 가장 큰 후원자는 우리에게 이름이 낯익은 파벨 트레티야코프Pavel Tret'yakov였다. 상인 가문 출신인 그는 러시아 이콘화부터 시작해 18세기, 19세기 그림을 광범위하게 수집했다. 러시아 화가들의 작품을 누구나 관람할 수 있는 미술관 설립을 꿈꿨던 그는 1892년 죽기 전에 2천여 점의 작품을 전부 모스크바 시에 기증했다. 그렇게 그의 컬렉션은 오늘날 국립 트레티야코프 미술관의 기반이 되었다.

러시아에 트레티야코프가 있다면 우리나라에는 문화재수집가 간송 전형필이 있다. 전형필은 일제강점기 때부터 전 재산을 털어 민족문화재를 사들이기 시작했다. 그렇게 수집한 5천여 점의 문화재로 그는 국내 최초의 사립미술관인 간송미술관을 1938년 설립했다.

개인소장품이 나라의 보물로 사랑받게 된 트레티야코프 미술관의 경우를 거울삼아 보면, 간송미술관이 처한 현실은 참 안타깝다. 몇 년 전 간송미술관은 누적된 재정난과 막대한 상속세 때문에 금동불상 2점(보물 284호, 285호)을 경매에 내놓아 안타까움을 샀다. 현행법상 국보나 보물 등 국가지정문화재도 개인소장품인 경우 판매는 합법이다. 오랜 기간 한 가문이 재정 부담을 감수하면서 그 수많은 민족문화재를 지금까지 지켜왔다면, 이제는 국가적 차원에서 대책이 마련되어야 할 차례가 아닐까 싶다.


## 아방가르드와 사회주의 리얼리즘

아방가르드Avant-garde는 유럽과 미국에서 오래된 규범과 경계를 허물고자 했던 여러 예술 운동의 총칭이다. 애초 아방가르드는 전쟁 중 부대 앞에서 적진의 동태를 살피는 척후병을 가리키는 프랑스식 군사용어에서 왔다. 그래서 이를 '전위예술'이라고도 부른다.

알고 보면 틀린 말도 아니다. 기성의 예술 형식을 부정하고 새로운 세상의 가능성을 모색했던 예술가들은 말 그대로 시대의 척후병이었다. 입체주의Cubism와 미래주의Futurism 등에서 특징적으로 나타나듯 혁신을 주장했던 예술가들의 표현은 거칠고 형태도 다양했다. 그리고 이러한 미술 사조들은 자연스럽게 러시아 아방가르드의 밑바탕에 스며들게 되었다.

입체주의는 20세기 초 프랑스 파리에서 일어난 미술 운동이다. 입체주의는 여러 시각에서 본 사물을 입체적으로 한 화폭에 담아내려고 했다. 또한 사실주의 회화의 전통인 원근법, 명암법, 인상적 색채, 감정적 표현을 멀리했다. 그러다 보니 한 사물의 위, 아래, 옆 등 다양한 모습이 담겨져 매우 복잡하고 조금은 난해한 작품들이 탄생하게 되었다. 폴 세잔Paul Cézanne, 파블로 피카소Pablo Picasso, 조르주 브라크Georges Braque의 그림이 그렇다.

입체주의의 영향을 받아 비슷한 시기에 이탈리아에서 탄생한 미래주의는 과거의 미학과 정적인 예술에서 벗어나 기계문명을 찬미하며 동적인 감각의 형식으로 아름다움을 나타내려 했다. 입체주의는 그 밖에도 추상미술Abstract art, 다다이즘Dadaism 등 이후에 출현하는 대부분의 미술 사조에 영향을 끼쳤다.

러시아 화가들은 프랑스 인상주의, 후기인상주의, 야수파, 입체주의, 미래주의와 같은 흐름들을 단시간에 흡수했다. 그리고 러시아 고유의 예술적 요소를 가미해 러시아 순수 추상주의의 발판이 된 신원시주의Neo-primitivism, 광선주의Rayonnism, 절대주의 Suprematism, 구성주의Constuctivism 등을 탄생시켰다. 이 사조들을 통틀어 러시아 아방가르드라고 부른다.

러시아 아방가르드가 몰고 온 변화의 본질은 예술가들이 갖고 있던 패러다임의 전환이었다. 과거 화가들이 특정 미술 유파를 대변하는 그림을 그렸다면 이제는 예술의 주체가 되어 각자가 원하는 그림을 그리기 시작했다. 아방가르드라는 이름 아래 수많은 흐름들이 복잡하게 공존할 수 있었던 것도 이런 변화와 관련이 있다.

독자적으로 발전한 러시아 아방가르드는 현대 서양 미술에 상당한 영향을 끼쳤다. 추상미술에서 칸딘스키와 샤갈을 빼놓을 수 없는 점, 본질 자체에 질문을 던진 말레비치의 절대주의가 제품 디자인에도 적용되고 있는 점만 봐도 알 수 있다.

한편 아방가르드의 시대는 오래 가지 못했다. 사회주의 리얼리즘의 등장과 동시에 막을 내렸다. 1934년 "제1회 소비에트 작가 회의"에서 채택된 사회주의 리얼리즘은 창작 기법으로서 부동의 지위를 얻게 되며 사회주의 문학예술의 탁월성을 상징하는 개념이 되었다.

사회주의 리얼리즘은 사회주의 국가를 건설해나가는 과정을 적극적으로 형상화하는 데 집중했다. 그렇게 예술은 국가의 통제를 받게 되었고, 정치 지도자들과 공산주의 이념을 이상화하는 의무를 떠안게 되었다. 이를 잘 표현한 작가로는 스탈린의 총애를 받은 알렉산드르 게라시모프Aleksandr Gerasimov가 있다.

문학, 연극, 영화, 회화, 조각, 음악 등 많은 분야에 적용된 사회주의 리얼리즘은 인민성, 구체성, 사상성이라는 3가지 창작 원리를 내세웠다. 즉 예술은 인민의 눈높이를 고려해 이해하기 쉬운 대중적인 형식을 갖추고, 노동자 계급의 일상을 소재로 다루되, 사회주의 체제가 인민의 삶과 행복 증진에 얼마나 기여했는가를 구체적으로 묘사하며, 프롤레타리아 공동대의의 일부가 되어 사회주의 사상과 당의 정책을 적극 반영하고 지원해야만 했다. 사실 이러한 요구는 이미 레닌 시절부터 사회주의 문화정책의 기조로 자리 잡아 왔다.

사회주의 리얼리즘은 존재하는 것을 서술하기보다 존재해야 하는 것을 서술하며 많은 영역에서 앞길을 제시하는 역할을 수행했다. 단적인 예로, 러시아와 중앙아시아에는 우수한 체육인을 극진히 대우하는 문화와 정서가 여전히 남아 있다.

러시아로 귀화해 2014년 소치 올림픽에서 3관왕에 오른 쇼트트랙의 황제 안현수 선수가 국민 영웅에 버금가는 대접과 대우를 받은 것도 사회주의 리얼리즘이 '건강한 신체에 깃든 건강한 정신'이라는 테마를 통해 제시한 사회주의적 인간상에 부합하는 인재를 영웅으로 칭송하는 소련 문화에 기인한다.

사회주의 리얼리즘은 50여 년이나 명맥을 유지했지만 앞서 언급한 이론적 선언에 걸맞은 작품들을 풍부하게 산출하지는 못했다. 사회주의 리얼리즘이 스탈린주의에 오염되면서 현실 사회주의를 변호하는 일종의 관제 예술로 전락해 버렸기 때문이다. 그런 관점에서 소련의 해체 이후 사회주의 리얼리즘의 사멸은 예견된 일이었다.

## 발끝으로 추는 춤

애초에 무용은 가뭄과 홍수, 태풍 등 불가항력적인 자연 현상으로부터 생명을 지키려는 원시 종교 의식에서 비롯되었다. 이처럼 의식의 춤이던 무용은 16세기 르네상스 시대로 접어들면서 차츰 종교의 영역에서 여흥과 오락의 영역으로 옮겨가기 시작했다.

무용이 '함께 추는 춤'과 '감상하는 춤'으로 분화되기 전까지 춤의 주체는 귀족이었다. 이 전통은 발레의 기원이 된 궁중 무용에서도 지속되었다. 소위 감상하는 춤은 19세기 이후 시민 사회의 형성과 맥이 닿는데, 예술이 시민들의 대리 만족의 대상이 된 것도 이때부터다.

예술 장르로서 극장 무용의 출발점이 된 발레는 피렌체 출신의 프랑스 왕비 카트린 드 메디치Catherine de' Medici가 프랑스에 처음 들여왔다. 그렇게 발레의 중심지는 이탈리아에서 프랑스로 넘어갔다.

서양식 무용을 러시아로 들여온 사람은 역시나 표트르 대제였다. 그는 귀족 중심으로 무도회를 개최하며 유럽식 무도회 문화를 정착시켰다. 이후 발레의 기초는 예카테리나 여제 때 다져졌다.

오늘날 세계적인 발레 학교로 알려진 상트페테르부르크의 바가노바 발레 아카데미Vaganova Academy of Russian Ballet 역시 1738년 러시아 최초의 왕실 발레학교로 출발했다. 프랑스가 18세기 중반부터 19세기 중반까지 발레의 메카였다면, 19세기 후반에는 러시아 발레가 세계적으로 유일하게 전성기를 맞았다.

현재 서양의 발레는 러시아의 고전 발레를 기본으로 해서 발전했다. 오늘날 세계 5대 발레단 중 볼쇼이Bolshoi Ballet와 마린스키 Mariinskii Ballet가 러시아 발레단이다. 규모 면에서도 다른 나라 발레단을 앞섰다.

영국의 로열 발레단The Royal Ballet, 프랑스의 파리 오페라 발레단 Ballet de l'Opéra National de Paris, 미국의 뉴욕시티 발레단New York City Ballet 모두 러시아 발레단의 전통을 잇거나 러시아 감독을 초빙해 성장했다. 세계 5대 발레단 중 1776년에 창단된 볼쇼이 발레단은 역사가 가장 길다. 이 발레단은 차이콥스키의 「백조의 호수」, 「호두까기 인형」, 「잠자는 숲속의 미녀」 등을 선보이며 세계 발레의 주도권을 장악했다.

발레리나가 입는 스커트 튀튀Tutu도 파격적인 변화를 맞았다. 기존의 의상은 길이가 발목까지 내려오는 긴 치마에 목, 어깨, 팔 등을 드러내고 상반신은 몸에 꼭 밀착시킨 상의로 감쌌다. 1832년 파리에서 처음 등장한 이 '로맨틱' 튀튀는 큰 인기를 끌며 발레의 제복이 되었다.

한편 우리가 머릿속에 떠올리는 발레리나 의상은 러시아에서 탄생한 '클래식' 튀튀다. 옷자락이 짧고 옆으로 퍼진 치마는 격렬한 도약이나 회전과 같은 고도화된 기교를 표현하는 데 용이하다. 1887년 이탈리아 무희가 상트페테르부르크 마린스키 극장에서 처음 선보인 이후 클래식 튀튀는 고전 발레의 제복으로 자리 잡아 오늘에 이르고 있다.


모스크바의 볼쇼이 극장과 양대 산맥을 이루고 있는 상트페테르부르크의 마린스키 극장은 세계 최정상급 오페라, 발레 극장이다. '마린스키'라는 극장의 명칭은 황제 알렉산드르 2세Aleksandr II의 부인 마리야 알렉산드로브나Mariya Aleksandrovna 황후의 이름을 딴 것이다. 차이콥스키의 「스페이드 여왕」, 림스키코르사코프의 「금계」, 무소륵스키의 「보리스 고두노프」, 프로코피예프의 「로미오와 줄리엣」, 「신데렐라」, 하차투리안의 「스파르타쿠스」가 바로 이 극장에서 초연되었다.

또 마린스키 극장에 속한 마린스키 발레단에는 우리가 주목할 만한 인물이 있다. 바로 대한민국의 김기민 발레리노다. 그는 2011년 마린스키 발레단에 수습단원으로 입단해 2012년 퍼스트 솔리스트, 2015년 4월 수석 무용수로 승급했다.

# 제5장. 러시아에 새겨진 한인의 역사

19세기 중반 연해주로 이주한 한인들은 러시아와 중앙아시아 곳곳에 진한 흔적을 남겼다. 제5장은 러시아의 역사를 직접적으로 다루기보다 러시아에서 일어난 우리의 역사, 즉 한인 디아스포라의 역사를 다룬다.

최근 몇 년 사이 미디어를 통해 고려인 동포들이 집중 조명되기 시작했다. 특히 3·1운동 및 임시정부 100주년을 기점으로 러시아와 구소련 지역에서 활동했던 독립운동가들과 한인 디아스포라에 대한 관심이 한층 높아졌다. 그럼에도 불구하고 여전히 고려인을 고려시대 사람이나 고려대학교 재학생으로 이해하는 사람들이 적지 않다.

'고려인 동포 합법적 체류 자격 취득 및 정착 지원을 위한 특별법' 제2조는 고려인을 "1860년대 무렵부터 1945년 8월 15일까지의 시기에 농업이민, 항일독립운동, 강제동원 등으로 러시아 및 구소련 지역으로 이주한 자 및 그 친족으로 현재 해당 지역에 거주하고 있는 자"로 정의하고 있다.

현재 러시아와 중앙아시아에 거주하고 있는 고려인 인구는 50만여 명이다. 이들을 또 다른 표현으로는 재외동포 또는 한인 디아스포라Diaspora라고 부른다. 디아스포라는 '너머'라는 고대 그리스어 전치사 디아Dia와 '뿌리다'라는 동사 스페로Spero의 합성어에서 유래했다. 본래는 팔레스타인을 떠나 세계 각지에 흩어져 사는 유대인을 가리키는 용어였으나, 지금은 본토를 떠나 타국에서 자신들의 문화 규범과 생활 관습을 유지하며 사는 소수의 공동체를 지칭하는 용어로 통용되고 있다.

고려인 동포들은 스스로를 '카레이츠' 또는 '고려사람'이라 부른다. '고려인'이란 명칭은 1988년 6월 전소고려인협회가 결성되면서 처음 등장했다. 공식적으로는 1993년 5월 모스크바에서 열린 소련조선인대표자회의에서 구소련 지역에 거주하는 한인 동포들을 고려인으로 바꿔 부르기로 결정한 이후 현재까지 널리 사용되고 있다.

160년 전 두만강을 건너 지금의 러시아와 중앙아시아 전역에 퍼져 사는 고려인 동포들은 소련 정부로부터 어느 소수 민족보다 많은 노동 훈장을 받으며 일찍이 근면 성실함을 인정받았다. 이들은 고된 노동에도 불구하고 자녀 교육을 포기하지 않았다. 고려인 공동체는 아이들이 공부할 수 있는 학교를 세우고 우리 문화와 전통을 지키는 일에 앞장섰다.

1991년 소련 해체 이후 고려인 동포들은 한국으로 돌아오기 시작했다. 그들 중 다수는 건설업이나 제조업과 같은 3D 업종에 종사하고 있다. 우리가 이들을 외국인 노동자로 인식하는 이유도 이 때문이다.

2000년대 이후부터는 한국에 유학 오는 고려인들의 숫자도 빠르게 증가하고 있다. 현재 우리 사회의 일원이 된 고려인 동포는 약 9만 명으로 추산된다. 인구가 늘어남에 따라 관련 법령 제정과 수정이 요구되고 있지만, 실질적인 제도 개선이 이루어지기까지는 많은 시간이 걸릴 것으로 보인다.

한편 고려인 동포를 동정과 연민의 대상으로만 바라보는 것은 시절 지난 시선이다. 물론 타지에서 온갖 고난과 핍박을 견디며 살아온 기성 고려인들의 삶이 있다. 부정할 수 없는 역사적 사실을 공감하고 기억하는 것도 중요하지만, 모두가 불쌍해질 필요는 없다.


안타깝게도 우리는 대부분 디아스포라 역사에 대해 잘 모른다. 이 같은 무지와 무관심은 허구에 가까운 단일민족 사상과 버무려져 우리로 하여금 그들을 혐오하고 배척하게 만든다.

현재 한반도를 떠나 세계 각지에 퍼져 사는 한인 디아스포라 인구는 약 750만 명이다. 인구 수 대비 이스라엘과 이탈리아 다음으로 가장 큰 규모다. 이는 대한민국의 어마어마한 자산이자 소프트 파워다.

오늘날 세계인이 인식하는 한국과 한국인의 이미지는 결코 한류 열풍만으로 만들어진 것이 아니다. 그 바탕에는 우수한 제품 수출로 국위를 선양한 우리 기업들이 있었고, 각 지역에 정착한 한인 디아스포라가 있었다는 사실을 결코 잊어서는 안 된다.


# 두만강을 건넌 조선인들

지난 160년의 역사 속에서 고려인 동포들은 생존을 위한 농업 이주, 항일 독립운동을 위한 망명 이주, 스탈린에 의한 중앙아시아로의 강제 이주, 소련 해체 이후 연해주와 대한민국으로의 재이주 등 크게 네 차례의 이주를 경험했다.

고려인 이주 역사

| 1차(1863년~) | 2차(1905년~) | 3차(1937년~) | 4차(1991년~) |
|---|---|---|---|
| 농업 이주 | 망명 이주 | 강제 이주 | 재이주 |

고려인의 이주사는 1860년대로 거슬러 올라간다. 1860년 제정 러시아는 베이징 조약을 통해 청나라로부터 연해주 지역을 할양받았다. 이때부터 조선과 러시아는 두만강을 사이에 두고 국경을 맞대는 사이가 되었다.

최초의 이주는 1863년 서양과의 교류를 경계했던 흥선대원군의 쇄국 정책에도 불구하고 함경도 등지에서 13가구가 두만강을 건너면서부터 시작되었다. 당시 함경도 지역은 산악지대인 데다 농사짓기에 척박한 땅이었다. 그런데 대기근에 전염병까지 돌자 농민들은 이주를 고민할 수밖에 없었다. 그들이 선택한 곳은 연해주였다.

　러시아 문헌은 조선인들이 정착한 포시에트Pos'et 지역의 지신허 Tizinhe 마을을 최초의 한인촌으로 기록하고 있다. 1864년 러시아 정부는 조선인 이주를 정식으로 허가하고 농지를 제공했다. 이는 당시 극동에 주둔하던 러시아군의 식량 공급 문제를 해결하기 위한 하나의 방안이었다.

　한편 러시아군의 보호를 받게 된 조선 농민들은 마적 떼에 시달리지 않고 농사에 전념할 수 있었다. 이들은 주로 수수, 콩, 옥수수, 귀리, 보리, 감자 등을 재배했다. 남쪽 지방에는 어업에 종사하는 주민들도 있었는데, 연어잡이, 게잡이, 미역 채취 등이 활발했다.

　이주민 수는 해를 거듭할수록 늘어났다. 1869년에는 4,500여 명의 한인이 이주해 연해주 인구의 5분의 1을 차지할 정도였다. 한인

19세기 말 연해주 주요도시

촌은 지신허를 시작으로 얀치혜(1867), 수이푼(1869), 블라디보스토크(1874) 등에 형성되었고, 1910년 이후 주요 한인촌은 블라디보스토크(해삼위), 크라스키노(연추), 파르티잔스크(수청), 수이푼(추풍), 하바롭스크(화발포), 니콜리스크(소왕령) 등을 중심으로 자리 잡았다.

1905년 을사늑약을 전후로 연해주에서도 의병 운동이 일어났다. 특히 1907년 헤이그 특사 사건 직후 일제가 고종을 폐위하자 의병을 창설하기 위해 안중근, 이상설, 이위종, 이동휘, 홍범도, 이범윤, 유인석 등이 연해주로 집결했다.

1910년 국권피탈로 나라가 망하자 애국지사들의 망명 이주가 줄을 이었다. 연해주는 항일독립투쟁의 중요한 근거지가 되었고, 그 중심에는 블라디보스토크의 신한촌新韓村이 있었다. 당시 고려인 동포들의 권익과 조국 독립을 위해 활동한 한인 단체가 바로 권업회勸業會였다.

1919년 3월 17일 이동휘, 최재형, 문창범, 김철훈 등은 대한국민의회를 조직했다. 블라디보스토크에서 설립된 최초의 임시정부 단체는 적극적인 항일운동을 전개하다 4월 11일 상해 대한민국 임시정부와 통합되었다.

3·1운동 직후 고조된 반일무장투쟁의 열기는 1921년 '자유시참변' 사건으로 한풀 꺾였다. 게다가 1922년 소련의 탄생으로 연해주에서는 직접적인 항일투쟁이 사실상 불가능해졌다.

# 동양의 카네기 최재형

연해주는 항일 투쟁의 핵심 근거지였다. 우리에게 잘 알려진 주요 인물들 외에도 일제 억압에 맞서 싸웠던 수많은 독립운동가가 이 지역을 거쳐갔다. 그런 점에서 3·1운동 및 임시정부 100주년을 맞이한 2019년은 그동안 역사 속에 묻혀 있던 독립운동가들이 재조명되는 중요한 해였다.

그중에서도 우리가 반드시 알아야 할 거장이 있다. 바로 최재형 선생이다. 망국 전후 연해주에서의 독립운동은 최재형을 빼놓고 기록할 수 없다. 또 그의 일생은 전형적인 영웅담 레퍼토리와 일치한다.

최재형은 1860년 8월 15일 함경북도 경원에서 태어났다. 1869년 극심한 흉년으로 생계가 어려워지자 최재형의 가족은 연해주로 건너갔다. 하지만 지신허에서의 생활은 오래가지 못했다. 어린 나이에 형수의 구박을 참지 못해 가출한 최재형은 러시아 선장 부부에게 발견되어 보살핌을 받게 되었다.

선장 부부의 양아들이 된 최재형은 상선으로 블라디보스토크에서 상트페테르부르크를 오가며 지식과 견문을 넓혔고, 7년의 선원 생활 끝에 상사에 들어가 사업을 익혔다. 그는 특히 교육 사업에 관심이 깊었다. 한인 청소년들을 위한 학교를 세우고 가난한 아이들에게 장학금을 지급하며 상급학교에 진학할 수 있도록 도왔다.

상사 생활을 마친 최재형은 10년 만에 원래 가족의 품으로 돌아와 얀치혜에서 결혼을 했다. 그의 활약은 그때부터 시작되었다.

1884년 러시아 정부는 블라디보스토크에서 남부 하산 지역까지 이어지는 대규모 도로공사를 시행했는데, 최재형은 러시아 관리인과 한인 노동자 간에 중재자 역할을 맡으며 때로는 한인들의 어려움을 대변해 주기도 했다.

1893년 얀치헤 도헌(군수)으로 선출된 이후에도 최재형은 연봉 3천 루블을 은행에 예치해 그 이자로 한인 학생들을 대도시로 유학 보내는 등 인재 양성에 남다른 노력을 기울였다. 훗날 고향으로 돌아온 장학생들은 모교생들을 가르치고 항일운동에도 기여하는 중요한 축이 되었다.

연해주에서 독립운동의 기반을 마련한 것도 최재형이었다. 러일 전쟁 무렵 러시아에서는 군납업, 건축업, 운수업이 활발했는데, 최재형은 한인들이 키운 소를 군에 납품했다. 그는 뛰어난 사업 수완으로 이룬 엄청난 부를 독립운동에 아끼지 않았다.

1905년 러일전쟁에서 러시아가 일본에 패하고 조선은 을사늑약으로 위기에 몰리자, 최재형은 블라디보스토크에서 이범윤을 중심으로 의병을 모집했다. 1908년 4월 이범윤, 이위종, 안중근 등과 함께 항일의병운동의 중심인 동의회同義會를 조직했고, 1909년에는 대동공보 사장으로 취임하며 재외동포들의 항일의식을 고취시키는 데 일조했다. 최재형이 이토록 적극적인 항일운동을 펼칠 수 있었던 것은 러시아 국적이었기 때문이기도 했다.

한편 1917년 러시아에서 일어난 사회주의 혁명과 내전은 연해주 항일운동의 큰 변수가 되었다. 러시아 내전에서 백군을 지지한 일본군은 1920년 연해주 일대로 출병해 수많은 한인들을 학살했고,

같은 해 4월 최재형도 체포되어 결국 순국했다.

1962년 최재형에게는 건국훈장 독립장이 추서되었고, 순국 95년 만인 2015년에서야 국립현충원에 위패를 모셨다. 2014년 한인 이주 150주년이 되던 해, 우리 정부는 최재형이 체포되기 전 마지막으로 머물렀던 우수리스크의 고택을 매입해 2019년 3월 최재형 기념관으로 새롭게 개관했다. 2023년 8월 14일에는 최재형 선생 부부 합장식이 열렸다. 순국 추정지인 우수리스크 지역에서 채취한 흙과 키르기스스탄에서 봉환된 부인 최엘레나 여사의 유해는 최재형 선생과 함께 국립서울현충원 애국지사 묘역 108번 자리에 안장되었다.

## '사회주의 계열'이라는 낙인

우리가 안중근은 알아도 최재형은 잘 모르는 데는 이유가 있다. 해방 이후 우리 정부는 반공을 국시로 내걸었고, 이때 소련에서 활동한 독립운동가 대부분이 공산주의자로 분류되었다. 1917년 사회주의 혁명 이후 러시아 백군과 손잡은 일본에 대적하기 위해 우리 독립군이 적군과 힘을 합쳤다는 이유 때문이었다.

1962년 박정희 정부로부터 건국훈장 대통령장을, 2021년 문재인 정부로부터 건국훈장 대한민국장을 받은 홍범도 장군의 업적마저 계속되는 공산주의자 논쟁으로 본질이 흐려지는 현실 속에 우리는 살고 있다. '사회주의 계열'로 낙인찍힌 독립운동가들에 대해서는 오랫동안 연구는커녕 언급조차 할 수 없었고, 수많은 영웅들의 업적은 이념의 그늘에 가려져 있었다.

국내에서 최재형은 안중근의 조력자로 종종 소개된다. 실제로 그는 이토 히로부미 저격 사건의 숨은 공신이었다. 안중근 의사가 세상을 떠난 이후에도 최재형이 유족을 돌볼 정도로 두 사람의 인연은 각별했지만, 오랜 시간 감춰져 있었다.

최재형의 다섯째 딸 올가가 쓴 자서전에서 안중근은 '안응칠'로 등장한다. "응칠 아저씨가 우리 집에서 사격 연습을 하는데, 아버지가 그곳엔 못 가게 했다. 얼마 후 하얼빈에서 응칠 아저씨가 일본의 최고 높은 사람을 총으로 쏘았다."라는 기록이 있다. 또 그녀는 안중근의 부인과 아이들이 최재형의 집에 왔고, 자신의 엄마가 옷가지를 주며 자주 교류했다고 남겼다.

최재형과 안중근이 만난 시기는 대한제국의 군대가 해산되고 헤이그 특사 사건을 구실로 고종이 강제 퇴위되던 1907년이었다. 당시 안중근은 도산 안창호의 교육 사상을 받들어 삼흥학교三興學校와 돈의학교敦義學校를 운영하고 있었다. 이때 아버지의 친구가 찾아와 "이런 위기에 국내에서 교육만 할 게 아니라 북간도와 연해주 우리 교민들과 함께 투쟁해야 하지 않겠느냐"는 조언에 그는 곧바로 망명길에 나섰다.

연해주에 도착한 안중근은 최재형과 이범윤을 만나 1908년 동의회를 조직하고 대한의군을 결성했다. 의군 결성을 위해 헤이그 특사 이위종은 자기 아버지인 주러시아 이범진 공사가 보낸 돈 1만 루블을 들고 최재형을 찾아갔다. 1만 루블의 정체는 망명 정부를 꾀하려 고종이 보낸 내탕금이었다.

여기에 최재형의 자비 1만 3천 루블과 교민 모금액 7천 루블을 보태 약 3만 루블로 의병부대를 조직했다. 동의회 산하 연해주 의병부대인 대한의군의 참모중장은 안중근이, 부총장은 이위종이 맡았다. 총장을 맡은 최재형은 자신의 크라스키노 대저택에서 의병들의 의식주를 지원했다.

무장 대응의 한계를 느끼고 언론을 동원한 항일운동으로 전략을 전환한 최재형은 해조신문을 인수해 대동공보로 바꾸고 사장으로 취임했다. 그리고 1909년 10월 26일 안중근은 대동공보 기자 신분으로 하얼빈 역에 잠입해 이토 히로부미 저격에 성공할 수 있었다.

여기 또 하나의 인물을 소개하고 싶다. 2008년 배우 이병헌, 정우성, 송강호 주연의 영화 「좋은 놈, 나쁜 놈, 이상한 놈」이 개봉했다. 그런데 흥행에 성공한 이 영화가 독립운동가 최봉설의 '간도 15만 원 탈취 의거'를 모티브로 한 작품이라는 사실을 아는 사람은 거의 없다. 1990년 건국훈장 독립장을 받은 최봉설 역시 적군 편에 섰다는 이유로 사회주의 계열로 분류되었고, 그의 '간도 15만 원 탈취 의거'도 교과서에 나오지 않기 때문이다.

1919년 3·1 만세운동이 시작되었다. 하지만 이와 같은 비폭력 운동으로는 일제에 맞설 수 없었다. 이때 무력독립운동 단체들이 곳곳에서 생겨났는데, 경남 밀양에서는 의열단이 결성되었고, 간도에서는 청년들이 철혈광복단鐵血光復團을 조직했다. 10대였던 최봉설은 철혈광복단을 만든 6인 중 한 명이었다.

일본에 대항하려면 무기가 필요했다. 군자금을 마련할 방법을 고민하던 철혈광복단은 조선은행 지점 간의 거액 현찰 수송 계획을 입수하고 탈취 계획을 세웠다. 수송 차량을 급습해 15만 원을 탈취한 조직원들은 블라디보스토크 신한촌으로 도망쳐 무기 구입을 추진했다. 그때의 15만 원은 현재 가치로 약 150억 원에 달하는 엄청난 액수였다. 하지만 밀정의 밀고로 철혈광복단 조직원들은 일본 군경에 붙잡혀 처형당하고 말았다.

간신히 살아남은 최봉설은 최계립이라는 이름으로 연해주 지역에서 독립운동을 이어갔다. 또한 적군 특별대대 소속으로 러시아 내전에 참전해 백군과의 전투에서 공을 세우기도 했다. 1937년 우즈베키스탄으로 강제 이주 당한 최봉설은 그곳에서 한인 집단농장 회장 등을 지내며 고려인 사회를 이끌다 1973년 카자흐스탄에서 생을 마감했다.

# 1937년

1937년 7월 7일 일본의 중국 대륙 침략으로 중일전쟁이 시작되었다. 당시 연해주에는 약 17만 명의 고려인이 살고 있었는데, 이미 한반도를 식민지배하고 있던 일제는 극동 지역 한인들까지 일본 신민이라 불렀다. 그러나 러시아는 비슷한 외모의 한인과 일본인을 구별해내기 어려웠고, 당장은 전쟁으로 일본에 위협을 느끼는 상황이었다.

1937년 8월 21일 스탈린 정권은 고려인들을 중앙아시아로 이주시키는 결의문을 채택했다. '일본인 간첩활동 방지'가 강제 이주의

고려인 강제 이주 경로(블라디보스토크에서 우슈토베까지)

명분이었다. 현지 언론은 한인들의 친일 간첩 활동에 대한 기사를
쏟아냈고, 간첩 누명으로 처형된 고려인 지도자와 지식인들도 수
천 명에 달했다.

　이주 계획은 지체 없이 실행에 옮겨졌다. 1937년 9월부터 12월
까지 약 17만 명의 고려인이 열차에 실려 강제 이주 길에 올랐다.
연해주 블라디보스토크와 라즈돌노에Razdolnoe가 바로 그 시작점
이 됐다. 소련 공산당은 검증된 농업기술을 중앙아시아의 낙후된
농업에 투입할 계획으로 고려인들을 농촌으로 이주시켰다.

　이들은 땅을 파서 움막을 짓고 겨울을 났다. 강제 이주의 첫 번째
정착지인 카자흐스탄 우슈토베Ushtobe에는 지금도 땅굴의 흔적들
이 남아 있다. 한민족의 운명은 한반도 내에서나 밖에서나 가혹하
긴 매한가지였다.

강제 이주를 당한 고려인들은 높은 교육열 덕분에 현지에서 살아남아 자리 잡을 수 있었다고 해도 과언이 아니다. 우슈토베에서 이들은 가장 먼저 학교를 지었다. 공부만이 살 길이라는 신념으로 밥은 굶어도 교육은 포기하지 않았다.

고려인들은 소련 내에서 가장 높은 대학 진학률을 보였고, 유학 길에 오르기 위해 부단한 노력을 기울였다. 교육에 쏟은 노력과 투자는 1960년대 이후부터 성과를 거두며 소련이 해체되기 전까지 고려인들의 계층 상승과 사회적인 위상의 변화로 돌아왔다.

고려인 동포들이 황무지에서 첫 겨울을 나고 정착할 수 있었던 것은 이들의 근성과 근면 성실함 덕분이기도 하지만 현지인들이 내민 도움의 손길이 없었다면 불가능했다. 그래서 오늘날 중앙아시아의 고려인들은 정착 초기에 현지인들로부터 입은 은혜를 잊지 않고 고맙게 생각하고 있다.

2017년 고려인 강제 이주 80주년을 맞았을 당시 우리 정부는 강제 이주를 '정주(定住: 일정한 곳에 자리를 잡고 삶)'로 공식 표기한 바 있다. 일부 시민단체들의 반발도 있었지만, 사실 이는 중앙아시아 고려인 단체들과 합의된 부분이었다.

비록 중앙아시아에 오게 된 과정은 강제였을지 몰라도 결과적으로 현지인들의 도움으로 정착해 이제는 한 사회의 일원으로서 살아가고 있는데, '강제'라는 표현이 자칫 현지인들에게 반감을 살 수 있어 조심스럽다는 것이었다.

# 사할린 한인들

러시아와 일본 사이 남북으로 길게 뻗은 사할린섬의 크기는 한반도만 하지만 인구는 49만 명뿐이다. 그런데 특이하게도 그중 한인의 비중이 러시아인 다음으로 높다. 더 놀라운 것은 제정 러시아 시절 이 섬이 죄수들만 가던 땅 끝 유배지였다는 사실이다. 그렇다면 그 수많은 한인들은 도대체 어떻게 사할린에 오게 되었을까?

사할린에 거주하는 한인 동포의 이주 역사는 고려인과 다르다. 19세기 중반 자의로 연해주에 정착한 고려인과 달리 사할린 한인은 일본이 러일전쟁의 승리로 할양 받은 남사할린 개발을 위해 징용되었다가 그곳에 남아 살게 된 동포. 그러니까 이들은 당시 러시아 땅이 아닌 일본 땅으로 끌려간 것이다.

1905년 이후 남사할린 개발이 본격화되자 일제는 안정적인 인력 수급을 위해 조선인들을 작업에 동원시켰다. 징용된 조선인들은 지리적으로 일본과 인접한 경상도 출신이 대부분이었다. 한인들의 노역은 1945년까지 계속되었다. 1945년 미국의 원자폭탄 투하로 일본이 2차 세계대전에서 패망하자 소련은 재빠르게 남사할린을 되찾았고, 한인들의 강제노역도 중단되었다.

현재 사할린 거주 한인 동포는 약 2만 5천 명으로 집계되며, 다른 지역으로 이주한 사람까지 합하면 약 3만 명 정도로 추산된다. 그렇다면 일제 강점기에 사할린으로 끌려간 한인들은 왜 해방 이후에도 고국으로 돌아오지 못했을까?

소련의 사할린 탈환 이후 당시 남사할린에 거주하던 일본인 귀환 문제는 미소협정에 의해 처리됐다. 대상은 일본군과 일본 본토에 호적이 있는 일본인으로, 한인은 포함되지 않았다. 1946년 일본으로 첫 귀환이 이루어졌는데, 한인들은 코르사코프Korsakov 망향의 언덕에서 이들을 지켜볼 수밖에 없었다. 소련은 사할린 인구가 빠져나가는 것을 원치 않았다. 사할린 제지 공장, 석탄 공장, 탄광 등에서 인구 감소로 발생할 문제들이 불 보듯 뻔했다.

이후 소련과 일본 간 국교 정상화로 1956년 사할린에 남아 있던 일본인들의 2차 귀환이 이루어졌다. 2차에는 일본인과 결혼한 조선인 1천 5백여 명도 포함되었는데, 한인과 결혼해 본국에 호적이 없던 일본 여성들이 귀환하게 되면서 배우자인 한인들까지 함께 떠날 수 있었다.

## 영주귀국

일본에 먼저 와 있던 수십여 명의 한인들은 '화태귀환 재일한국인회'라는 모임을 결성해 사할린 한인 귀환 운동을 펼쳤다. 이들은 한국과 소련 간 교류가 자유롭지 않은 상황에서 일종의 우편배달부 역할을 했다.

사할린 한인들이 일본으로 편지를 보내면 이들이 다시 한국 주소로 발송해 주었다. 그 덕분에 이산가족은 서로의 생사를 확인할 수 있었고, 주고받은 편지들은 1960년대 말 귀환 희망자 명부를 작성하는 데도 객관적 자료로 활용되었다.

1990년 한소수교 이후 한국과 일본 적십자를 중심으로 사할린 한인들의 영주귀국 사업 논의가 이루어졌다. 초기에 협의한 진행 방식은 러시아가 사할린 한인들의 한국 귀국에 대해 최종 승인을 해주고, 그 이후 사업을 본격 진행하는 것이었다. 하지만 그 시간조차 기다리기 힘든 사람들은 사업과 상관없이 자비를 들여 한국에 들어오기도 했다.

한국과 일본이 1995년 시범사업에 합의한 후, 영주귀국 사업은 양국 적십자를 통해 본격적으로 시작되었다. 1995년은 과거사를 청산하자는 분위기가 무르익던 시기로, 사할린 한인 문제도 재조명되었다.

2007년 영주귀국 사업 규모는 확대되었고, 2015년을 마지막으로 약 4천3백 명의 사할린 동포가 한국으로 귀국했다. 사망했거나 다시 사할린으로 돌아간 이들을 제외하면 국내에는 현재 약 3천여 명의 사할린 한인들이 23개 지역에 거주하고 있다.

일본은 영주귀국 사업 예산을 책정해 안산 고향마을 500세대 임대아파트 건설비와 사할린 한인 1세대 영주귀국 시 소요 비용을 지원했다. 우리 정부는 기초생활 수급자인 동포들의 의료보험과 생활비 등을 부담했다.

한편 영주귀국 대상자 기준이 논란이 된 바 있다. 한일 양국이 합의한 영주귀국 대상자를 1945년 8월 15일, 즉 광복 이전에 사할린에 있었거나 그곳에서 태어난 자들로 제한했기 때문이다. 다시 말해, 1945년 8월 16일부로 사할린에서 태어난 동포들은 영주귀국 대상에서 제외되었다.

이처럼 불합리한 영주귀국 대상 기준은 어떻게 생겨난 것일까? 영주귀국 이야기가 나오기 시작할 당시 사할린에서는 이미 이산가족회, 노인회, 한인회 등 여러 단체들이 생겨났다. 당시 노인회는 1945년 8월 15일 이전 세대를 한인 1세대로 규정하고, 고령인 자신들을 우선적으로 한국으로 보내달라고 일본 정부에 요청서를 보낸 적이 있다. 이러한 요청은 '나머지 세대는 다음 시기에 추진하자'는 의도로 한 것이었으나, 어느 순간 귀환의 기준이 되어 버리고 말았다.

그러던 중 2005년부터 국회에서 논의만 되었던 '사할린 동포 지원에 관한 특별법'이 2020년 4월 제정되면서 지원 정책의 법적 근거가 마련되었다. 2021년 1월 발효된 이 특별법은 국내 영주귀국 및 정착지원 대상 범위를 넓혔다.

기존에는 1945년 8월 15일 이전에 사할린에서 태어났거나 사할린으로 이주한 한인과 그 배우자만이 대상자였다면, 동반가족(직계비속) 1명과 그 배우자까지 확대되었다. 아울러 사할린 동포 피해 구제, 유해 발굴 및 봉환, 명예회복, 기념사업 등을 추진할 수 있는 법적 토대까지 마련되었다는 점에서 이 특별법은 역사적인 의미를 갖는다.

## 고려인들의 귀환

1991년 소련은 15개 공화국으로 해체되었다. 해체가 초래한 지역

공급망의 단절은 구소련 국가들의 경제 위기를 더욱 악화시켰다. 경제 체제의 급작스러운 전환 속에서 고려인들의 경제적 기반도 큰 타격을 입었다.

특히 소비에트 연방에서 독립한 중앙아시아 5개국은 독립국가의 정체성을 확립하기 위해 민족주의 정책을 적극적으로 펼쳤는데, 그 과정에서 소수 민족은 차별과 배척의 대상으로 전락하였다. 이는 수만 명의 고려인이 러시아로의 재이주를 결심하는 계기가 되었다. 하지만 선조들의 터전이었던 연해주에서의 삶도 별반 다를 게 없었다.

2000년대 이후 한국 전자제품 등을 통해 한국에 대한 정보와 인식이 확산되면서 고국으로의 귀환을 희망하는 고려인들이 생겨나기 시작했다. 임금도 월등히 높은 데다 선조들의 고향이 나을 것이라는 막연한 기대감 때문이었다.

2007년 대한민국 법무부의 방문 취업제 도입으로 고려인들의 국내 유입이 급증했다. 방문 취업이나 재외동포 비자로 한국에 온 고려인들은 주로 서울 광희동, 경기도 안산과 화성, 인천 부평구, 광주 월곡동, 부산 초량동, 김해 서상동 등 특정 지역에 가족 단위로 모여 살고 있다. 2020년 3월 기준 국내 체류 고려인 동포는 약 9만 명으로 추산된다. 하지만 이들이 대한민국에서 마주하는 현실적인 어려움은 상당하다. 조선족에 비해 한국말이 자유롭지 못한 고려인들이 일할 수 있는 업종은 제한적이다. 본국에서 전문직에 종사하던 사람들조차 한국에서는 단순노무에 뛰어들 수밖에 없다.

여기에는 제도적인 문제도 있다. 고려인 동포들은 대부분 방문

취업(H-2)이나 재외동포(F-4) 비자로 국내에 체류하는데, 모두 취업과 관련된 문제를 안고 있다. 방문취업 비자는 대부분의 업종에 일할 수 있어도 고용 허가가 필요하고, 3년마다 비자를 받아 재입국해야 한다. 재외동포 비자는 출국 없이 계속 연장할 수 있어 안정적이지만, 단순노무 종사에 제약을 받는다.

그렇다면 왜 애초에 모든 동포들에게 재외동포(F-4) 비자를 내주지 않았을까? 2007년 당시 우리 정부는 너무 많은 동포들을 받아들일 경우 외교적 문제의 소지가 있는 데다 우리 고용시장에 악영향을 끼칠 수 있다고 판단해 임시적 성격의 방문취업(H-2) 비자를 만들어 쿼터를 정했다. 그리고 국내에 연고가 있는 동포부터 입국을 허용하고, 단순노무 인력 시장에 지장을 주지 않는 고학력 또는 고령의 동포들에게는 곧바로 재외동포 비자를 발급해 주기로 했던 것이다.

고려인 동포가 취득할 수 있는 비자 유형

| 비자 유형 | 명칭 | 체류 형태 |
|---|---|---|
| C-38 | 단기 비자 | 단기로 한국 왕래 |
| H-2 | 방문취업 비자 | 한국 방문 또는 취업(3년) |
| F-4 | 재외동포 비자 | 한국 거주(3년 단위 연장) |
| F-5 | 영주권 | 한국에 영수 거주(10년 단위 재심사) |
| F-1 | 방문동거 비자 | 동포(H-2, F-4)의 배우자 또는 미성년 자녀 |

# 불안한 경계인

해외에 거주하는 한인 동포들에 관한 정보와 지식은 1990년대에 들어서면서 조금씩 쌓이기 시작했다. 그 배경에는 1989년 우리나라의 해외여행 자유화와 1991년 소련의 붕괴가 있었다. 그 이전까지는 바깥세상과 교류할 기회도 없었을 뿐더러 모두가 먹고살기 바빴다. 그러다 1990년대 후반에 가서야 우리나라는 동포 개념을 정립하고 법제화에 나섰다.

지금이야 고려인 모두가 재외동포*에 해당되지만, 처음에는 법률상 그저 외국인에 불과했다. 1999년 재외동포의 대한민국 출입국과 대한민국 내 법적 지위를 보장하는 재외동포법 제정 당시 "1948년 대한민국 정부 수립 이전 해외로 나가 외국 국적을 취득한 중국과 러시아 지역 동포"를 재외동포에 포함시키지 않았던 것이다.

그런데 문제는 이뿐만이 아니었다. 그동안 시행되었던 재외동포법에 따르면, 대한민국 국적을 보유했던 자의 자녀(2세대)와 손자(3세대)까지만 재외동포로 인정하고 이들만 한국에 거주할 수 있었다. 즉 고려인 4세는 외국인으로 분류되어 만 19세가 되면 출국해

---

\* 다음 두 가지 경우 중 하나라도 해당되면 재외동포다. △대한민국 국민으로서 외국의 영주권을 취득한 자 또는 영주할 목적으로 외국에 거주하고 있는 재외국민 △대한민국 국적을 보유했던 자, 즉, 1948년 8월 15일 대한민국 정부수립 이전에 국외로 이주한 동포들과 그 직계비속으로서 외국 국적을 취득한 자 중 대통령령으로 정하는 외국국적 동포.

야만 했다.

고려인 4세 이슈는 2014년 이전부터 공감대가 어느 정도 형성되었다. 고려인 이주 150주년을 맞이한 2014년 안산 지역을 중심으로 제도 개선을 위한 움직임이 있었지만, 세월호 참사로 중단되었다. 정치권은 재외동포법보다 개정이 수월한 고려인특별법을 손보려 했으나 이 또한 쉽지 않았다.

사실 고려인특별법 개정은 임시방편이나 다름없었다. 동포는 고려인만 있는 게 아닌 데다, 근본적인 문제는 상위 개념의 재외동포법을 재정비하는 방법으로만 해결할 수 있기 때문이다. 그러던 중 2019년 7월 2일 발효된 재외동포법 시행령에 따라 출생에 의해 대한민국 국적을 보유했던 자들의 직계비속 모두가 외국국적 동포로 인정받게 되었다.

시민사회의 노력과 정치권의 의지로 동포 4세 이후의 체류 문제는 그렇게 일단락되었지만, 분야별 담당 부처가 달라 발생하는 어려움은 여전히 존재한다. 체류 자격은 법무부, 취업은 고용노동부, 의료는 보건복지부, 결혼이민자 지원은 여성가족부, 생활 지원은 지자체에서 관할한다. 고려인특별법은 외교부 법안이라 국내 사업과는 무관한 데다, 대부분 기족 단위로 오는 고려인들은 부부 중 한 사람이 대한민국 국적자여야 하는 다문화 가정의 조건에도 부합하지 않는다.

이처럼 국내 체류 동포 및 외국인에 대한 복합적인 문제를 관리하는 별도의 컨트롤 타워가 없어 재외동포를 포괄하는 외국인청의 필요성이 곳곳에서 제기되어 왔다. 한편 2023년 6월 재외동포재단이 해산하고 재외동포청이 신설되면서, 한인 동포들에 대한 정책이 보완될 것으로 보인다.

동포 정책은 나라마다 다르다. 동포는 보편적 개념이 아닌 데다 특수한 역사적 맥락을 고려해야 하기 때문이다. 선진국들의 동포 정책은 크게 두 가지로 요약될 수 있다. 첫째, 외국인 인권 수준을 끌어올려 외국인 정책 범위 내에서 동포 문제를 해결하거나, 둘째, 동포들의 자발적인 의사에 따라 국민으로 편입시키는 것이다. 한편 한국에서는 이런 본질적인 논의 자체가 아직 이루어지지 않고 있다.

그러니 어쩌면 동포에 대한 우리의 관심과 이해가 부족한 것은 당연한 일일지도 모른다. 고려인 동포를 바라보는 한국 사회의 시선은 "외국인 노동자", "외국인" 정도에 대체로 머물러 있다. 이 문제만큼은 재외동포에 대해 깊이 가르치지 않는 공교육의 책임도 크다.

## 다중 정체성

해외에서 우리 동포들을 만나다 보면 우리나라에서조차 잊혀져가는 전통과 관습을 꿋꿋이 지켜나가는 어른들을 흔히 볼 수 있다. 이처럼 민족 정체성을 보존하기 위해 동포들은 대대로 우리 민족 고유의 문화와 전통을 지키고자 무던히 노력해왔다.

오늘날 러시아와 중앙아시아에 거주하는 고려인 기성세대는 한식, 단오, 추석, 설날은 물론 돌잔치, 환갑잔치를 빠짐없이 챙긴다. 명절이면 흩어졌던 가족이 모여 조상에게 제사를 드리고 함께 시간을 보내는 것도 자연스러운 문화로 자리 잡고 있다. 그에 비하면 한국에서는 시간이 지날수록 전통 문화가 간소화되거나 생략되고 있다.

이처럼 문화와 전통이 본토보다 타지에서, 그것도 열악한 환경 속에서 더 잘 보전되는 것을 문화 동결 현상이라 부른다. 중국에서도 잘 챙기지 않는 공자탄신일을 우리나라 성균관대학교에서 매년 유교 문화 축전으로 기념하는 것도 유사 현상으로 볼 수 있다. 고려인의 문화 동결은 더 보수적 성격을 띤다. 이들은 피가 섞이면 안 된다며 반드시 같은 민족끼리의 혼인을 강조한다. 고려인이라도 촌수와 관계없이 동성동본 결혼은 껄끄럽게 여긴다.


고려인들은 어디에 살건 간에 나름의 방식으로 민족 문화와 전통을 지키며 살아왔다. 그럼에도 불구하고 언어의 경우는 사정이 달랐다. 1960년대에 접어들어 소련 정부는 소수민족들의 언어 사용을 제한하기 시작했다. 소련에서는 더 이상 한글을 가르칠 수도 배울 수도 없었다. 다양성보다 통일성을 중요시했던 중앙 정부는 민족어 사용을 제한하는 방법으로 소수민족들의 정체성을 희석시켜 모두를 단합된 '소련 시민'으로 만드는 데 집중했다.

소련 정부의 정책은 효과적이었다. 당시 민족어의 상실은 고려인들을 깊은 정체성의 혼란에 빠뜨렸다. 하지만 실제로는 언어가 정체성을 지탱하는 가장 강력한 기반은 아닐 수 있다. 아니 어쩌면 정체성을 구성하는 요소 중 언어가 가장 약한 부분일지도 모른다. 유대인의 경우만 봐도 그렇다. 유대인 디아스포라도 민족어를 상실한 경험이 있다. 이들은 지난 2천 년 동안 나라 없이 전 세계를 방랑하며 살았다. 지금이야 극적으로 부활한 히브리어가 이스라엘의 공용어로 쓰이고 있지만, 한때 히브리어를 구사할 수 있는 유대인은 소수에 불과했다.

고려인들은 다른 지역 동포들과 마찬가지로 한 개 이상의 정체성, 즉 한인으로서의 정체성과 현재 살고 있는 나라의 국민으로서의 정체성을 갖고 산다. 물론 그중에는 한인으로서의 정체성을 잃어버린 채 사는 사람들도 있다. 그런데 한 가지 주목할 만한 사실은 전 세계를 떠들썩하게 만드는 한류 문화의 영향으로 곳곳에서 한인 정체성을 되찾으려는 사람들이 늘고 있다는 것이다.

이런 흐름은 특히 청소년 세대를 중심으로 빠르게 확산되고 있다. 미국을 예로 들어보면, 1970년대에 미국으로 이민을 떠나 정착한 한인들의 자녀(2세)들은 한국어가 서툴다. 당시에는 한국이 현지에서 듣도 보도 못한 후진국 취급을 받기도 했고, 한인 2세들은 미국 주류사회로 진입하기에 바빴다.

약 50년이 지난 지금 상황은 한류의 영향으로 완전히 역전되었다. 이제는 백인 청소년들이 케이팝을 귀에 꽂고 흥얼거리며 춤을 추는 광경이 자연스럽다. 그 와중에 3세, 4세 재미 한인 청소년들은 한국문화에 더 큰 관심을 가질 수밖에 없다. 한인이라는 이유만으로 관심을 한몸에 받을 수 있기 때문이다.

비슷한 현상은 미국뿐만이 아니라 구소련 지역에서도 일어나고 있다. 이유야 어찌되었건 간에 또 하나의 정체성을 확립해나간다는 점은 긍정적인 신호다. 동포들에게 하나의 정체성을 강요할 수도 없을 뿐더러 그럴 필요도 없다.

그렇다면 한인의 정체성이란 무엇인가? 무엇이 한인을 한인답게 만드는가? 우리는 한인인가? 우리는 무엇을 근거로 스스로를 한인이라 규정하는가? 이 질문에는 아직까지 명확한 답이 없다. 분명한 것은 피도 국적도 아니라는 사실이다. 한국어를 구사할 줄 알아야 한인이 되는 것도 아니다.

정체성은 정신적 가치에 대한 정의다. 한인을 전 세계 어디에 내놓아도 대체로 근면 성실하다는 소리를 듣는 것처럼 말이다. 물론 이러한 특성 외에도 3·1운동에서부터 촛불혁명까지 이어져 온 비폭력 평화정신도 한인의 정체성을 받쳐주는 주요한 가치다.

한인의 정체성이 도대체 무엇인지, 어떤 정신적 가치를 함유하고 있는지 우리 스스로도 잘 모른다. 막연하게는 대한민국에 사는 우리와 해외에 거주하고 있는 한인 동포들의 정서와 정신이 맞닿는 지점 어딘가에서 찾아야 하지 않을까? 다만 분명한 것은 지금이 우리가 어떤 정신적 가치를 길러내고 쌓아갈 것인가를 고민할 때라는 점이다.

# 한반도 평화의 실마리

일부 사회지도층 인사들과 시민단체들은 이미 오래전부터 동포의 의미와 그 중요성을 강조해왔다. 하지만 아쉽게도 그 내용이 일반 대중에게 설득력 있게 전달되지 못한 듯하다. 주된 원인은 과거와 달리 동포라는 단어에 더 이상 사람들의 가슴이 뜨거워지지 않기 때문이다. 한 민족이기 때문에 남북한이 통일되어야 한다는 주장이 공감을 얻지 못하는 것과 같다.

그렇다면 쓸모와 이익에 가슴이 더 빨리 뜨거워지는 현대인들에게 동포가 갖는 실용적 가치를 설명해줄 필요가 있다. 만약 누군가에게 동포의 중요성을 어필하고 싶다면 역사적, 경제적, 정치적 관점에서 접근해보는 것을 권하고 싶다.

먼저 역사적 관점에서 살펴보자. 단일민족이라는 신화 속에서 살아온 한국인의 사관은 땅에 묶여있다. 사관은 역사를 통일적으로 설명하는 기능을 수행하는데, 우리는 한반도 내에서 일어난 일만 우리의 역사로 인식하는, 영토에 국한된 사관을 갖고 있다. 그렇다면 우리는 어떤 역사관을 가져야 하는가?

결론부터 말하자면, 우리 민족의 발길이 닿은 땅과 그 땅에서 일어난 일들을 우리 역사로 인식하는 사관의 전환이 필요하다. 『유대인의 역사*History of the Jewish People*』를 저술한 영국의 저널리스트 폴 존슨Paul Johnson은 고대에서 현대까지 유대인들의 삶을 기술하면서 "이스라엘의 역사"라는 제목을 붙이지 않았다. 서기 70년 무렵

이스라엘은 멸망했지만 디아스포라로서 유대인의 역사는 계속되었기 때문이다. 세계사와 긴밀한 상호작용을 이루며 말이다.

이 같은 역사적 특수성은 저자를 본질적인 질문으로 이끌었다. "땅이 중요한가, 사람이 중요한가?" 그도 그럴 것이, 나라 없이 2천 년을 살아낸 유대인들을 보면 땅이 무슨 소용인가 싶기도 하다. 오히려 이들은 나라를 잃고 뿔뿔이 흩어진 처지에서 더 큰 존재감과 영향력을 발휘하지 않았는가? 책 제목에서부터 짐작할 수 있듯이 폴 존슨의 사관은 땅이 아닌 사람에 초점을 두고 있다.

그렇다면 유대인들과 비슷한 역사적 특수성을 가졌으며 인구 대비 세 번째로 큰 디아스포라를 이루고 있는 우리에게는 땅이 중요한가, 사람이 중요한가? 한 번쯤 깊이 생각해봐야 할 문제다. 폴 존슨의 『유대인의 역사』가 한 민족의 역사를 넘어 세계사를 품고 있다면, 한인 디아스포라의 역사도 마찬가지로 한반도 바깥의 역사를 아우를 수 있기 때문이다.

경제적 관점에서도 동포는 가치 있는 존재다. 수출로 먹고 사는 대한민국이 직면한 과제는 해외시장 다변화를 통한 수출물량 확대다. 신남방·신북방정책도 결국 새로운 수출 시장 발굴에 그 목적이 있었다. 동남아시아 시장이 한류문화의 영향으로 안정적인 궤도에 진입했다면, 유라시아는 여전히 미개척 시장으로 남아 있다.

다행히 유라시아의 핵심 지역인 러시아와 중앙아시아는 한국인에 우호적인 데다 한국과의 적극적인 경제교류를 원하고 있다. 이런 상황에서 이 지역에 살고 있는 50만 명의 고려인 동포를 지렛대로 삼는다면 보다 빠르고 수월한 시장진입이 가능할 것이다.

끝으로 정치적 관점에서 동포는 소중한 자산이다. 대한민국은 북한의 비핵화를 통한 한반도 평화 구축이라는 역사적 과제를 안고 있다. 이때 우리가 주목해야 할 것은 해외에 거주하고 있는 한인 동포들의 역할이다.

2020년 미 총선에서 네 명의 재미 동포가 당선되었다. 고작 네 명뿐인가 싶지만 미 의회 역사상 가장 많은 숫자다. 현재로서는 미국이 한반도 문제를 좌지우지할 수 있는 유일한 국가이기에 한반도 문제에 특별한 관심을 갖고 있는 이들의 행보가 기대된다.

이렇듯 미국과 같은 강력한 우방국에 사는 동포도 중요하지만, 우리 주변국에 거주하는 동포들의 가치도 과소평가해서는 안 된다. 특히 러시아와 중앙아시아 국가들은 한국에 우호적임은 물론, 이곳 한인 동포들 역시 한반도의 평화를 염원하고 있어 우리의 든든한 힘이 될 존재다.

나라가 어려움에 처해 살길을 찾아 한반도를 떠날 수밖에 없었던 한인 동포들의 후손들이 각지에서 한반도 평화 구축의 주역으로 떠오른다면, 어쩌면 우리의 역사적 과제를 푸는 새로운 실마리를 찾게 될지도 모른다.

지은이 **이의찬**

1993년 러시아 모스크바로 건너가 20년을 살았다. 모스크바 국립대학에서 역사학을 전공했다. 현재는 영상 컨텐츠 제작사 (주)오픈마인드를 운영 중이다. 2015년부터 팟캐스트 〈이상한 러시아〉(구 보드카 먹은 불곰)를 진행하며, 수백 회의 인터뷰와 강연 등을 통해 문화 커뮤니케이터로서 활동하고 있다. 또한 (사)독립운동가 최재형 기념사업회, (사)너머 등과 함께 고려인 청소년을 위한 장학사업과 동포 인식개선 활동에 동참하고 있다.


지은이 **육명근**

고3 때 담임선생님의 노어과 진학 권유를 노르웨이어로 오해하여 의문을 품기도 했으나, 그 덕에 밥벌이를 하고 있다. 한국외대 용인캠퍼스 졸업 후 동대학 국제지역대학원 러시아·CIS학과에서 석사학위를 받았다. 재학 중에 이르쿠츠크 총영사관과 포스코경영연구원에서 근무했으며, 연수, 출장, 여행으로 모스크바와 상트페테르부르크를 비롯해 러시아 남부와 극동, 시베리아 여러 지역을 다니며 다양한 문화와 사람, 자연을 경험했다.


지은이 **서진영**

일찌감치 러시아의 매력에 빠졌다. 명덕외고에서 러시아어를 공부하고 연세대 노어노문학과에서 학사 및 석사를 마쳤다. KOTRA 본사와 블라디보스토크 무역관에서 근무하며 러시아에 대한 특별한 꿈을 키우다 유라시아 친선특급 원정대원으로 대륙 횡단 후 『이지 시베리아 횡단열차』, 『Tripful 블라디보스톡』을 출간했다. 현재는 러시아 문화 콘텐츠를 대중에게 알리며 관련 활동을 이어가고 있다.

# 이상한 러시아

초판 1쇄 인쇄 2024년 3월 13일 | 초판 1쇄 발행 2024년 3월 20일
지은이 이의찬, 육명근, 서진영 | 펴낸이 김시열
펴낸곳 도서출판 자유문고

(02832) 서울시 성북구 동소문로 67-1 성심빌딩 3층

전화 (02) 2637-8988 | 팩스 (02) 2676-9759

ISBN 978-89-7030-175-4  03920   값 17,000원

http://cafe.daum.net/jayumungo